有言以对

成为沟通高手的六角沟通法

史欣悦

著

中信出版集团 | 北京

图书在版编目（CIP）数据

有言以对：成为沟通高手的六角沟通法 / 史欣悦著
. -- 北京：中信出版社，2023.7
ISBN 978-7-5217-5784-2

Ⅰ . ①有… Ⅱ . ①史… Ⅲ . ①心理交往－通俗读物
Ⅳ . ① C912.11-49

中国国家版本馆 CIP 数据核字（2023）第 104020 号

有言以对——成为沟通高手的六角沟通法
著者：　　史欣悦
出版发行：中信出版集团股份有限公司
　　　　　（北京市朝阳区东三环北路 27 号嘉铭中心　邮编　100020）
承印者：　北京诚信伟业印刷有限公司

开本：880mm×1230mm 1/32　印张：8.75　　　字数：182 千字
版次：2023 年 7 月第 1 版　　印次：2023 年 7 月第 1 次印刷
书号：ISBN 978-7-5217-5784-2
定价：59.00 元

在世界越来越小、距离越来越近的信息时代，每个人的行为以及沟通意识、能力、方式已成为其生存和发展的基础与保障。史欣悦的《自洽》一书有助于自我向内去除 bug，这本《有言以对》则有助于向外提速。它们相辅相成，相得益彰。这本书旁征博引，深入浅出，许多内容让我感同身受，也让我耳目一新，豁然开朗。

——肖微　君合律师事务所创始合伙人

商业的本质是创造和交换价值，沟通则同时成就两者，所以，沟通是个人基石的底层能力。这本书是我看过的最简单、最易于操作的本土讲沟通的书。简单是因为讲得直击本质，易于操作是因为作者作为一名著名律师和知识 IP，本身就是个沟通高手。知行合一的人讲得最好用。

这是一本"社恐"看完能变"社牛"的书！

——古典　《拆掉思维里的墙》作者，著名生涯规划师人生中绝大部分的问题都是人际关系问题。解决人际关系问题，关键在于沟通。沟通不能是情绪主导，火上浇油，而应该驾驭情绪，目标导向。史欣悦律师亲历过种种关键的沟通场合，这本《有言以对》集结了他在沟通领域的精华见解，希望你能从中获益。

——刘润　润米咨询创始人

史欣悦律师作为一位谈判高手，尤其善于把复杂的问题抽丝剥茧。这本书一方面是他为你破解沟通难题准备的一把"手术刀"，从多个维度剖析底层逻辑；另一方面，它又是一根"缝合线"，提供多个实战案例和场景预设，为你串联起完成关键性对话的思维模型。

——杨天真　壹心娱乐创始人，Plusmall 品牌主理人

这本书来自大量实战的精心总结，立意不是逞口舌之强，也不是教大家如何表现出尖锐的进攻性，而是娓娓道来，温和而有力，用意很善良，从睿智的角度讲高影响力的话。这才是现实中更具价值的"说话之道"，也是高水平人士应该具备的思维模型。感谢史律师的无私传授。

——姜振宇　微反应科学研究院院长，司法心理专家

看过不少关于沟通表达的书，史欣悦老师这本书无疑是该领域的"拨云见日"之作。书中的"六角沟通模型"为我们拓宽了沟通的边界，引导我们去关注那些更关键的，却常常被忽视的知识与技能。沟通是一辈子的修行，但人们常常在错误的方向上过分努力，这本书越早读到越好。

——汤质　B 站知识型 Up 主"汤质看本质"，
《关于说话的一切》作者

关于"会说话"这件事，太多人有误解。油嘴滑舌、能说会道、巧舌如簧，这些都不能算会说话。史欣悦师兄是我的朋友中最会说话的人。更难能可贵的是，他通过《有言以对》这本书，系统性地教人成为一个会说话的人。说话的能力是人最值得投入的能力，也需要最擅长的人来指导。

——王一快　秘塔科技首席运营官，B 站 Up 主

这本书很适合有些"社恐"却希望提升沟通能力的朋友。它让人确信，良好的沟通能力并不依赖于天赋，而在于正确的重复和对细节的不断精进。真正的沟通能力需要内外兼修，这本书不仅关注招数，也关注内功，它能让你成长为善于沟通的"六边形"战士。

——常金光　法天使-中国合同库创始人

因为改编《令人心动的offer第二季》剧集的缘故，我有幸认识了史律。如果学生时代就认识这么个老师，可能那时我的"社恐"、我的内耗、我不会沟通的毛病早就被这个温和的大朋友给治好了！衷心希望大家不要错过史律的这本新书！

——张巍　北京电影学院文学系教授，著名编剧

《有言以对》这本书面向的是希望提升自己沟通能力的读者。史欣悦是一名业界知名资深律师，有着丰富的沟通经验。无论是对于"社恐"还是想要提升沟通能力的人，它都是一本极为实用的参考书。通过掌握书中提供的技能与知识，你就可以在多种场景下成为沟通高手，让每一句话都有用，每一份心意都能获得好的结果。

——孟令悦　北京无二记文化传媒有限公司董事长，
微博@北京人不知道的北京事儿 博主

史律的新书《有言以对》系统性地拆解了沟通的技巧与策略。另外，史律将多门学科，诸如博弈论、营销学、心理学等糅合进了沟通技巧中，令读者在阅读中受益良多。看完这本书，我深感好多次我的关键性沟通都没发挥好。这本书出晚了！

——G僧东　博主

我们在一个联结越来越紧密、节奏越来越快的世界中航行，有效的沟通是驶向成功的关键。史欣悦律师的这本书就像一座启发我们、指引我们的灯塔。通过他的见解分享，读者将获得必要的工具来建立有意义的联系，建立信任，并影响他人。我衷心地推荐这本书，并感谢史欣悦律师丰富了我们对沟通的理解，以及沟通在个人和职业发展中的关键作用。

——亚当·库克（Adam Cooke）
国际律师组织 Multilaw 首席执行官

史律是一位在实务领域深耕多年，对语言沟通颇有心得的资深法律工作者，他的经验源于实战、源于复盘，从书中的标题就很能看出作者的"匠心"与"诚意"。希望各位读者能喜欢这本内容翔实、文辞畅达的沟通指南，也愿我们都能言之有物、言之成事、言之寓理！

——李浩源　中国人民大学博士研究生

目　录

CONTENTS

做成想做的事，成为想成为的人

崔璀

优势星球创始人，职场管理研究者

推荐这本书，是因为史欣悦律师（以下简称"史律"）的三个身份。

第一个身份，高敏感人群的一分子。

史律自认是高敏感人群。

高敏感人群天生同理心强，想很多，情感丰富，在意别人的感受，话讲出口前会反复掂量。沟通对这类人（好吧，是我们这类人）来说，并不是一件信手拈来的容易事。

所以当他在沟通中展示出了逻辑清楚、情绪稳定，甚至精彩纷呈的特质时，你可以百分之百相信，他经历了一番自我修炼，琢磨出了沟通的方法论，其中的一招一式都经过了拆解、提炼和总结，所以他的沟通方法尤其扎实。

而且，这些方法他都"亲测有效"。

第二个身份，一个工作了近 20 年的职场人。

职场是一个神奇的地方，如果你愿意，它将不遗余力地督促你成长。因为每一天，你都会遇到新的难题。

- 客户推翻了你第 5 版方案，而明天就是截止日期；
- 老板把升职的机会给了另一个人，而你拼尽全力刚刚拿下销售冠军；
- 同事在会上不动声色地抢了功，而为了这个"功"，你连续加班了三个周末；
- 出发谈判前，组长跟你说，必须拿下，而你才接手这个案子半小时；
- 业务会上下属当场发难，你想维护自己的领导权威，但心里已成一摊泥沼。

我们在教育经历中并没有学习过如何在职场生长，就这么闯进了这个复杂的环境。这个过程中的任何一个困难，都足以把人的心气瓦解。

这些年我做职场教育，接触了大量学员，更是深有感触。

能在职场中日复一日地活下来，且活出满腔生命力，活出漂亮的业绩，活得自洽的人，我称之为"专业主义者"。

称职的专业主义者太少，因为它太难。这本书与其说是在讲沟通，不如说是一本职场人的成长宝典，从思维模型到心理素质再到表达沟通，都是实战经验。

走出自己那条路的都是珍稀物种，史律肯定算一个。珍稀物种，值得细细提取它的经验，并吸收、内化，变成自己的本领，支持我们走出属于自己的路。

反正，我看这本书时是这个心态。

第三个身份，并购律师，律所合伙人。

在我创业前，有过短暂的三年投资经历。那段上气不接下气的日子里，给我最大支持的就是合作过的律师伙伴。他们总是谈判桌上情绪最稳定的存在，也是我深夜整理项目一筹莫展时最清醒的外挂大脑。他们要面对代理人的情绪、利益，成千上万条条款、细节，谈判双方的商业利害关系，谈判时的反复推拉……这一切既是智商的博弈，也是情商的展现。

史律把这份繁复的工作简单总结成了两个词："我担任执业律师近 20 年，主要工作就是**说话**与**写作**，把各种相当复杂的事情、各种复杂的关系说清楚、写下来。"看到这个总结，一方面我觉得他过于自谦，他所谓的说话与写作，其实包含了心理学、经济学、营销学，当然还有法律等各学科知识；另一方面又觉得他概括得很准确。

透过复杂事物看到本质，透过复杂关系看到真需求，经过精准且得体的沟通，达成合作，这是我在这本书中看到的"说话"与"写作"的本事。

祝你也能拥有这些本事，让它们守护着你，做成想做的事，成为想成为的人。

让真心有值得的结果

贾行家

作家，代表作《潦草》《尘土》《世界上所有的沙子》

想和大家分享一句话："只要是在对话中的双方，就永远
有共同利益。"通过这句话，很多眼前的困扰、过去的谜团立
刻就解开了，连《三体》里的黑暗森林都有了一个新视角：宇
宙间的文明彼此隐藏是因为没有共同利益。

这句话来自君合律师事务所合伙人史欣悦老师的新书《有
言以对：成为沟通高手的六角沟通法》。

这本书中的诸多洞见不仅来自知识和观察，而且来自实战
甚至整个世界的经验。史欣悦老师在君合律师事务所从事了近
20 年的国际法律业务，一直在世界各地参与大型企业的跨境
谈判。在参加完职场真人秀《令人心动的 offer 第二季》之后，
他总结了自己多年来谈判和沟通的方法，为视频网站和知识平
台开设了沟通课程。

作为律界精英，史律师表达中的条理性和说服力自不待言，更难得的是他的表达富于妙趣，亦庄亦谐。有一回我们在桌上听他讲一个很长的段子，故事曲折，出场人物众多，涉及不同国家的文化，简直比一部电影还复杂。在从头至尾的十几分钟里，他的"包袱"不断，大家都听得乐不可支。最神奇的是，一年多过去了，我仍然能完整地回忆起他那天讲了什么，可见他在安排叙事顺序、节奏和注意力管理上的功夫。

　　在这本书里，史律师教给读者的也是这样一种结构化的沟通思维。寻找并实现共同利益，是这本书的核心目标，"六角沟通法"是这本书的核心技能包。高明的沟通者要对复杂情况有深刻的理解和把握能力，从洞察对方的需求开始，抽丝剥茧地找到双方利益的连接点，最终建立起商讨和谈判策略的模型。

　　相信在六角沟通法的帮助下，我们的真心都能有值得的结果。

有言以对，是厚积薄发的结果

从《令人心动的 offer 第二季》，大家开始认识我，入驻视频网站后，我也得到了很多年轻朋友的喜爱和支持。与此同时，我也收到了很多年轻朋友的问题，比如：

- "在公司干了三年没涨过薪，试探性地问人力能不能涨薪，结果人力冷冷地说：'大家都没涨过。'在这种情况下，我该怎么争取涨薪？"
- "本身性格有些孤僻，但又不想总在聚会或群聊中做个旁观者，老师对'社恐'有好的建议吗？"
- "跟父母无法沟通，只要一沟通，要么吵架，要么只能闭嘴，我该怎么办？"
- "好朋友借钱不还，还总找各种理由推托，我该怎么讨债又不会得罪朋友？"

……

当然，还不止这些，以上都是比较典型且普遍的提问。

在我看来，以上这些年轻朋友遇到的烦恼问题，本源都是沟通问题，是由于沟通方法不当导致的。

那么，我们怎样进行沟通才能化解生活和工作中遇到的各种问题呢？

我们先来了解一个真实的案例。

苹果公司刚刚起步时，需要一个新的首席执行官，乔布斯就想邀请百事可乐总裁约翰·斯卡利加入。不过，当时的苹果公司还是个名不见经传的小公司，而百事可乐堪称巨头，所以斯卡利原本想婉拒乔布斯的邀请。就在这时，乔布斯说出了那句堪称传世典范的话，他对斯卡利说："你是想卖一辈子糖水，还是和我们一起改变世界？"这句话让斯卡利大受触动，毅然决然加入了苹果公司，并作为首席执行官执掌苹果公司 10 年，将苹果公司的销售额从 8 亿美元提升到了 80 亿美元。

乔布斯是如何用一句话撬动斯卡利最核心的需求的？是急中生智吗？

当然不是。关键原因就在于乔布斯掌握了沟通的核心能力，这也是他作为一个沟通的顶尖高手厚积薄发的结果。

如果我们用沟通的原理和方法来分析就会发现，乔布斯综合运用了沟通的各项能力。从步骤上来说，首先，乔布斯基于自身目标——寻找一个营销高手，做了充分的调查研究和信息收集，迅速锁定了合作目标斯卡利。因为当时百事可乐取得的成绩，已经充分证明了斯卡利在营销方面的能力。

其次，乔布斯对斯卡利进行了深入的用户痛点分析，并巧妙地提出共赢方案，让进一步沟通成为可能。他了解到，当时的斯卡利对不够完善的计算机使用有一定的抵触情绪，因此乔布斯就告诉斯卡利："我要改变人们使用计算机的方式。"这一回答让斯卡利开始转变态度，为接下来双方的进一步沟通创造了机会。

再次，乔布斯开始"带节奏"，即双方沟通谈判的节奏。两个人在大半年的时间里多次会面，开展了多次关键性沟通，这既是在互通信息，又是在沟通互相之间的利益和需求。这就展现了乔布斯把控多轮关键性沟通进程的能力。

最后，乔布斯还展现了他在沟通中识别对手的能力。乔布斯找准了斯卡利"想要实现自我超越"的核心需求，为他勾勒出美好愿景，用斯卡利的话说："乔布斯唤起了我心中压抑已久的成为一名思想建筑师的愿望。"

由此可以看出，斯卡利并不是因为乔布斯的一句话而被打动的，这背后还有多种沟通能力的运用。如果我们也具备这样的沟通能力，那么乔布斯式"一语中的"的金口玉言也完全可以从我们口中适时地表达出来，从而有效地应对我们所面临的各种关键性沟通。

事实上，我们之所以容易在关键性沟通中如鲠在喉、无言以对，多数情况下是因为基本理念错误。简单来说，沟通的出发点、关注点、落脚点一旦出现错误，就不可能达成共识，也不可能满足沟通双方的需求，拿到彼此都想要的结果。

所以在本书中，我首先用系统性思维拆解了沟通能力的模型，厘清这项能力包括哪些模块，它是一个怎样的复合系统，系统之间有怎样的关系，等等。弄清这些，我们才知道自己该怎样学习和练习，才能成为沟通高手。同时，我们还要弄清沟通中的立场与利益问题，以及如何衡量一场沟通成功与否。

其次，我在书中对构成沟通能力的六大模块进行了具体、深入的逐一拆解，让大家明白沟通能力是由表达能力、思维能力、对人的认知能力、交换和创造价值能力、策略和博弈能力、外交能力构成的一种复合能力。想要掌握不同场景下的沟通技巧，就要不断练习和提升自己的各项能力，全方位地为自己的沟通技巧赋能。

最后，我运用大量实战案例，详细地分析了如何展开一场关键性沟通，其中既包括沟通前期的准备，也包括沟通过程中根据不同场景所运用的策略和技巧，以及如何有效识别各种沟通中的陷阱和误区等，旨在帮助大家在具体实战中找到最适合自己的沟通方式和沟通风格，从而更有针对性地进行沟通对话。

我担任执业律师近 20 年，主要工作就是说话与写作，把各种相当复杂的事情、各种复杂的关系说清楚、写下来。2009 年以来，我每年都会在国际律师组织 Multilaw Academy 中为亚洲、欧洲、美洲、大洋洲等地区的多国青年律师讲解跨境、跨文化的沟通与谈判课程。在本书中，我与大家分享的沟通原理与技巧，就结合了自己多年执业和人际沟通的心得。20 年来，我完成了众多看似不可能完成的谈判，促成了许多几乎无法达成的交易，也解决过多次对抗性的僵局，这些都离不开我的沟通能力。它帮助我在几十亿元的投资项目中突破僵局，也帮助我轻松化解日常生活中的很多难题。现在，我把这些知识分享给大家，就像分享给年轻时的我自己。

　　2020 年，我参加了真人秀节目《令人心动的 offer 第二季》，在其中担任带教律师。在节目中，我对实习同学的沟通指导，与同学、同事、领导的沟通交流，获得了许多观众的肯定。在节目观察室中，以高情商、会说话著称的何炅老师、撒贝宁师兄、杨天真老师，也对我在节目中的人际沟通谬赞有加。

　　本书送给刚刚长大成人的你，送给初入社会、在各种复杂关系中茫然无措的你，送给总是羞于表达、有些"社恐"的你，也送给想要在公共场合提升自己表达能力的你。我相信，通过学习书中的知识和技能，你会蜕变为一个令人刮目相看的沟通者，你的眼睛会看到更多，耳朵会听到更多，脑海中会想到更多，以前看似错综复杂的信息，忽然就会清晰地展现在你面前；同时，你看待生活与工作的思维和格局会变得更宽广，实际沟通也会更顺畅。

在人生的这场旅途中，我和你一样，也踏过坑、踩过雷、走过弯路，也曾经陷入自我怀疑，觉得自己就是一个不善于沟通的人。但是现在，我找到了方法，我愿意在最合适的时候把这些方法分享给你，希望它真的可以带给你帮助、带给你转变，也带给你美好而璀璨的未来。

最合适的时候就是现在。

第一章

提高沟通能力
要用系统性思维

　　说起沟通能力，很多人认为，沟通能力就是表达能力，或者沟通能力就是心理学，学会了读心术，就能赢。但如果站在高处看整个沟通能力图景，我们发现，沟通能力其实是一个广袤的、有着复杂生态系统的"森林"，而表达能力、心理学知识都不过是这个"森林"中的几片草地、几棵树木而已。只有真正具备了系统性思维，我们才能让自己拥有出色的沟通能力。

用系统性思维来看沟通能力

有一位哲学家曾说，人生所有的难题都是人际关系问题。人与人之间产生关系，主要靠的就是沟通与对话。关系前进，是沟通顺利的结果；关系倒退，甚至搞砸了，是沟通失败的结果。

我们每天都在说话，大部分是稀松平常的话，但是在一些关键时刻、关键场合，对着关键的人，能不能把话说好、把需求沟通好、把事情谈下来，往往会决定和左右着很多对我们个人来说很重要的结果。在这些时刻，你要怎么沟通才更有效？要如何说服他人，才能通过谈判达成一致？我想很多人都想知道。

小时候，我们和家长要个新奇的玩具总能如愿，但不知从什么时候开始，我们和周围人的沟通就没那么顺畅了。面对一个知心朋友或者一个贴心的恋人，不知道怎么回事，我们就被误解了，好意也没有达到好的结果。面对投资人、合伙人，明明我们有不错的产品和绝妙的点子，却不知道怎么和对方恰当地表达。总之，各种复杂的关系都需要我们的连接和带动，可我们面对这一切时却经常感到力不从心。

由此，一些人会得出一个结论：我不善于说话，不会沟通，不适合做谈判类的工作。但我要告诉你，你的困难的确是真实存在的，但你对自己的这些负面结论却是错误的。沟通、交流、谈判，这些能力都不是天生的，而是后天习得的。它们并不需要你具有什么天赋，只要有正确的认知，以及在正确认知下有针对性地练习，你就能达成目标。

我相信很多人都看过一些教人说话的视频，或者上过一些关于沟通、演讲、谈判的课程，但仍然觉得沟通、交流、谈判是一门看不清、摸不透的玄学。实际上，如果我们用系统性的思维来看沟通、交流、谈判就会发现，它是一个可拆可合的复合系统。弄清这个复合系统的组成部分，以及各个组成部分之间的关系，我们就可以用科学有效的方法来提高自己的沟通能力。如果我们将沟通高手比作一辆高性能的汽车，那么它的卓越性能绝不仅仅表现在发动机上，也不是表现在车轮或车身材料上，而是表现在它虽然每个部分都很不错，但需要搭配组合起来，再经过适当调教，才会变得非常厉害。

真正的沟通能力需要内外兼修

一些常见的沟通或谈判课程，要么侧重于表达能力，要么侧重于所谓的沟通心理学，这些固然都是高效沟通所必需的，但仅仅是表面上的能说会道，即使具有一些心理学知识，也不能让一个人成为真正具有沟通能力的人。这也是我们看了很多关于说话的书，或者听了很多关于沟通的课，却始终感觉用不上的原因。

真正的沟通能力是需要内外兼修的，就像一个武林高手，他不但能看得见对手拔出来的剑，闻得到对手使出的毒药的气息，还能看得出对手未出的招，感受到对手的内力。会沟通的人，不但能听得见对方现场说出来的话，还能听得出对方没有说出来的话，即弦外之音，从中感受到对方没有表露的情绪，或者嗅出一丝一毫异样的氛围，最终根据对方的意图，讲出对方最关注的核心需求。

如果没有掌握这些技能，我们就是盲的、聋的，无嗅觉、无触感、无意识的。当我们具备了系统性的思维，练好自己的"兵器"，修炼好内外功，就会惊奇地发现，我们原来可以感受到那么多之前从未感受到的信息。就像玩桌游一样，掌握信息最多的那个人往往会成为最后的赢家，甚至是可以让大家都赢的超级价值创造者。

沟通的真正目标是满足需求

有人说，沟通的目标是交换信息、说服对方，或者是尽可能地让双方的意见达成一致。这些说法都没错，但都没有打到靶心。

沟通的真正目标应该是满足需求。展开来说，对话的双方通过语言或文字互相确认需求，再通过彼此交换、调整和实现利益，最终满足需求。在这个过程中，最核心的词就是"需求"，而要满足我们自己的需求，首先要让对方的需求得到满足。

我们想要租一个房子，前期看房时，我们已经确定了一个公寓的位置和装修情况，对这个公寓也很满意。接下来，我们就要和房东坐下来商量，我们的主要需求是房租在自己的预算之内尽量低，而房东的需求是收到房租，并在自己的租金底线上尽量高。由此，我们和房东商量租金的过程，就是一个明确双方需求，然后交换利益，满足各自需求的过程。

在这个过程中，我们与房东之间不仅仅是信息交换，也不仅仅是彼此说服。如果房东想以每月 3000 元的价格把房子租给我们，而我们非要说服他每月只收 2000 元租金，那是不可能的事。但如果我们能看到更多的利益点，就可以通过调整付款周期、押金比例，或者重新分配双方的责任等方式来有效交换需求，达到降低租金的目的。

既然沟通的目标是满足需求，那么一次沟通或谈判是否能成功，关键就在于我们的需求是否得到了满足。所以在谈判之前，我们要明确自己的需求下限是什么，比如在上面的案例中，月租金不超过 2800 元就是我们的需求底线，只要房东能将月租金降到 2800 元，就说明这是一次成功的谈判。

利用需求交换表确认沟通是否成功

很多人都有一个误区，认为在对话、沟通或谈判中，自己一定要赢，一定要彻底说服对方同意自己的意见，否则就是失败。

这是一个错误的目标，因为它没有明确自己的需求，也没有看到对方的需求，只是企图将自己的立场和主张强加到对方身上。这是不能产生沟通价值的，得出的结果也无法持续执行。

这里送你一个小工具，在准备进行一些关键性的沟通前，你可以画一个需求交换表（如表 1-1 所示）。

表 1-1　需求交换表

	我的需求	对方的需求
必须达到的		
可以交换的		

首先，在表内分别列出自己的需求和对方的需求，在每一

方的需求中，还要区分出哪些是必须达到的需求，哪些是可以交换的需求。沟通的过程，就是用我们可以交换的需求去满足对方必须达到的需求，同时，对方也要用他可以交换的需求来满足我们必须达到的需求。最终，这个表格上如果能形成一个交叉形状，也就是双方必须达到的需求都满足了，就说明这场沟通成功了。

当然，现实生活中的各方需求，以及必须达到的需求和可以交换的需求，都是可能发生变化的。这个表格只是我们在准备沟通时的一个出发点，后期随着沟通的进行，你也可以随时对其做出调整。

在沟通完成之后，我们可以再评估一下，看看自己必须达到的需求是否得到了满足。如果都满足了，这次沟通对我们来说就是成功的；如果对方必须达到的需求也满足了，那我们可以说，这是一场创造了价值的关键性沟通。

提高沟通能力的路径和阶梯

我们上中学时曾学过《触龙说赵太后》这篇文章，当时强大的秦国要攻打赵国，以赵国的实力根本抵抗不了秦军的攻击，迫不得已只好向齐国求救。

在当时的历史背景下，如果一次军事行动对自己的国家没好处，那么这个国家是不会出兵的，所以齐国便趁机提出条件，要求赵国将赵太后的小儿子长安君送到齐国当人质。深爱自己小儿子的赵太后自然不愿意，因为到别国做人质不但危险，而且一旦两国关系破裂，人质就会有生命危险。

这让赵国的大臣很着急，纷纷到朝堂上劝谏赵太后，希望赵太后为了赵国的社稷安危，将长安君送去齐国当人质。虽然大臣们说得很在理，但赵太后就是不答应，最后甚至放出狠话："谁再敢提把长安君送去齐国做人质，我就把唾液吐在他脸上！"

就在大臣们一筹莫展的时候，触龙来拜见赵太后。不过，触龙没有像其他大臣那样直接劝谏赵太后，而是先从自己的身体情况说起，表示很关心赵太后的身体。见赵太后脸色缓和下来，触龙又故意提出想让自己的小儿子在王宫内充当卫士，表示很关心小儿子以后的生活，甚至比赵太后还疼爱自己的孩子。赵太后不服，说父亲难道比母亲更爱自己的孩子吗？这时触龙抓住时机，说父母都爱自己的孩子，都应该"为之计深远"。如果像赵太后这样，执意将长安君留在身边，长安君无法为国家立功，以后就没有可凭借的东西在赵国立身，那时他的处境就悲惨了。

这段话终于说服了赵太后，让赵太后同意将长安君送去齐国做人质。

很多时候，尤其在面对高风险、情绪化和充满争论的沟通和对话中，如果看到有人能够轻松化解危机，我们的第一反应往往是对对方佩服得五体投地。我们可能从来没有想过，这样棘手的问题原来也能如此轻松地得到解决，这种能力的确令人叹服。有些人在羡慕之余可能还会说一句，"这是天赋，我学不来"。

这真的是一种学不来的天赋能力吗？

我要告诉你的是，这并不是什么天赋，你完全可以习得这种能力，并且让自己成为有效的沟通者。

我们常说一些人本事大，善于沟通和处理问题，主要源于他们具备三个维度的优势：知识、技能和态度。学习一门知识和掌握一项技能，其提高方法是不一样的，我们需要先从书本学习知识，**没有知识的支撑，技能就无从谈起**。但是，技能的练习更加重要，否则，我们学到的知识就像在书上学到的怎么游泳、怎么开车一样，就算把这些内容和方法背得滚瓜烂熟，在现实生活中也无法真正会游泳、会开车。

通过知识的学习和技能的训练，最终我们会转变态度，以现有的新认知替代过去的旧认知。这种态度的转变是多方位的，比如，我们看待自己的态度会有所转变，不再被情绪牵着走；我们看待他人的态度也会发生改变，过去讨厌的人现在看起来也不再那么讨厌了。即使是之前不知道怎么满足自己需求的人，现在看待沟通的态度也会改变，知道沟通这种复合能力不是靠天生的能说会道，而是靠后天的学习和训练习得的。从这以后，我们也会走上一条不断精进自己、让自己成为沟通高手的顺畅大道。

通过上面的总结可以看出，提高沟通和对话能力的路径和阶梯就是技能的提升，而提升技能的关键则在于日常练习。关于练习，我给大家提供两个核心原则。

正确的重复

巴菲特的合伙人查理·芒格说过一句话：我们不需要新的

思想，我们只需要正确的重复。这其实也是一种在不确定性中寻找确定性的思维方式。通过这种方式，我们可以不断提升整体的成功率，并且在此过程中，还可以通过不断学习提升自己的认知，包括从每一次失败的反馈中学到东西，进而不断迭代自己。

画小圈

画小圈的意思是说，针对某些概念、知识点等，我们可以先把它们拆解成小的、简单的知识点，然后刻意练习每一小部分的细节，将每个细节都练习通透，继而不断精进。比如练习弹一首乐曲，一次弹不下来，就分小节练习，甚至一个音符一个音符地练；学游泳时，我们可以从练习漂浮、呼吸、打水等基本技能入手，最后组合起来，便能掌握在水中穿行的新技能。这种方式可能会慢，但很有效果。

在具体的练习中，我们既要认真学习提升沟通能力的知识，又要遵循这两个核心原则来练习技能，这样，我们对自己、对他人、对需求、对沟通能力、对个人能力的提升与成长方法等，才会有崭新的态度。关于如何运用正确的重复和画小圈这两个路径与阶梯来提高沟通能力，后面的内容里会有详细的阐述。

别让立场掩盖了利益

　　成功学大师戴尔·卡耐基曾经租用一个旅馆的大礼堂来讲课，有一天，旅馆经理通知他，礼堂的租金要提高3倍。

　　卡耐基一听，就去和经理交涉："如果我是你，我也会这样做，因为你的职责就是让旅馆赢利。"接着，卡耐基为经理算了一笔账，如果将礼堂出租用于办舞会、晚会，当然赢利很多，"但如果我离开了，那些成千上万听我讲课的中层管理人员也就离开了，而他们光顾这里，是你花再多钱也买不到的活广告。对比一下，哪样更有利呢？"最终，经理被卡耐基说服了。

很多时候，我们的沟通、谈判都是为了利益，但一些人在沟通过程中只关注彼此立场的不同，希望在立场上达成共识，比如：

- "这种做法不符合我们公司的一贯政策。"
- "到底是听你的，还是听我的？"
- "这是原则性问题，我们没什么可谈的。"
- "在这个问题上，我们必须和其他人保持一致。"

……

　　强调立场当然没有问题，但如果在一些关键性沟通中只强调立场，不但容易使沟通陷入僵局，还会忽略一个更重要的问题——利益。事实上，关键性沟通的真正核心在于利益，利益驱动着我们的行为，也是沟通双方立场争执背后的动机。虽然大家所站阵营不同、立场对立，但不可否认的是，对立的立场都是紧紧围绕利益产生的。只有清楚地看到利益所在，才有可能实现成功的沟通。所以，**真正的沟通一定要懂得抛弃立场式对话，从立场中剥出真正的利益来。**

剥开立场看利益

　　在关键性沟通过程中，分不清立场和利益，沟通就难以进行。善于沟通的高手，往往都是从利益和立场的分水岭中走出来的。

　　我们要如何区分立场和利益，或者说，我们怎样才能剥开立场看利益呢？

举个例子，假如你的女友要出国旅游，碰巧你有事去不了，跟女友沟通几次后，彼此都没有说服对方。最后女友生气地对你说："到底是听你的还是听我的？"

通常这句话一出口，双方就会陷入僵持状态。从沟通的角度来说，这句话还是一个对立场的宣誓，女友的立场就是"你要听我的"。如果你的态度比较蛮横，对女友回击道："凭什么都听你的？"双方立刻就会陷入权力斗争之中。如果你态度和缓一些，对女友说："这不是听不听你的问题……"这说明你已经从立场谈话开始向利益谈话转换了。

所以，要剥开立场看问题，最常见的就是以探求的口吻、解决问题的口气，与对方一起弄清问题的真正所在。比如上面的案例中，通过与女友深入沟通，你最终搞清楚了两件事：一是女友的闺密出国旅游，拍了很多美照发在朋友圈，女友羡慕了；二是你们两个人已经很久没有一起旅游了，女友想跟你一起出去玩。这两个利益点对应的就是女友的两个需求：一是也像她的朋友一样，拍美照，发朋友圈，获得朋友的认可；二是跟你一起出去玩，增进情感关系。弄清女友的这两个需求后，接下来就是寻找具体的解决方案了。

关于解决问题的方案，我向大家推荐一个模型——"拆开立场的包裹"（如图 1-1 所示）。

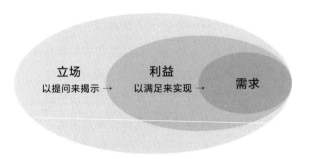

图1-1 "拆开立场的包裹"模型

在这个模型中，立场是外壳，利益是内容，需求是利益的目的，利益的实现就是需求的满足。当对方向我们表明一个立场之后，相当于给我们发了一个快递包裹，我们想弄清对方的真实意图，就要小心地拆开包裹。而拆开包裹的剪刀就是合适的问题。我们通过提问来看清"包裹"里面的内容，也就是看到了对方的真实利益所在。满足这个利益点，就满足了对方的真实需求。

掌握了这一模型，在听到对方的关键性话语后，就要先判断这是立场还是利益。如果是立场，就先拆开"包裹"，看清利益反映的需求是什么，继而再与对方讨论关于利益的问题。我们要让这种思维方式成为头脑中自动调用的一套程序，就像看到天色阴沉，就知道要下雨一样，成为一种自然反应。

始终坚持共同利益

在任何关键性沟通中，居于首位的都是对利益的判定和共识。虽然我们和对方立场是对立的，但不可否认的是，对立的立场背后都是对利益的需求，这种利益既包括相互冲突的利益，也包括共同利益。在大多数关键性沟通中，只要考虑到自己的潜在利益，就会发现共同利益要远远多于相互冲突的利益。

在合作和交易中，有些共同利益很明显，只要双方达成协议，就可以各取所需。比如，我下班的路上在街边花店买了一束花，我拿到了花，花店老板拿到了钱，成交就是我们的共同利益。如果这时天色已晚，甚至快要下雨了，我可能还能用比较少的钱买到许多花，因为花过夜后就不新鲜了，花店老板想快点清仓，所以他愿意降价卖给我。这时我们双方的共同利益就很明显了。

但是，在一些对抗性的沟通场景下，共同利益就没有那么明显。比如，现在一些电商网站会发布推广图片，一旦图片中用到某个明星的照片，该明星可能就会认为电商网站侵犯了自己的肖像权，给电商网站发来律师函，要求赔偿。表面上看，电商网站与明星之间似乎没什么共同利益，电商赔付给明星一笔钱，自己就少了一些利益。然而事实上，双方仍然存在共同利益，这个共同利益就是避免诉讼。因为对明星来说，他们必须阻止这种照片侵权现象，否则盗用现象会越来越多，但到法院起诉不但时间长，手续还很烦琐；电商平台面临同样的问题，并且如果败诉，还会影响声誉。基于这样的共同利益，他们就会坐在一起进行谈判。

所以请记住：只要是在对话中的双方，就永远有共同利益。哪怕双方的对话是对抗性的，甚至是充满敌意的高声指责，也不影响他们之间的共同利益。如果双方实在看不到共同利益，避免损失也属于共同利益。寻找共同利益有一个基本的思维方法，就是逆向思维，即假设双方不谈判，接下来会发生什么事，或者会给彼此造成什么损失。用这样的方式，就可以看清双方的共同利益。

总之，共同利益是突破对话僵局的一把钥匙。在关键性沟通中，始终坚持共同利益，强调共同利益，是有力推动沟通对话的不二法门。

升级自己的"雷达系统"

既然关键性沟通都有共同利益，那为什么有些时候我们看不清共同利益，更找不到共同利益呢？

原因是一些因素影响了我们对共同利益的找寻和判断，其中最重要的因素就是我们自己的情绪。尤其在沟通一些对抗性比较强的问题时，如果我们过于注重自己的情绪，就容易忽略交谈的重点，把本来可以在很大空间内完成的利益交换，变成了自我束缚的立场坚持。一些谈判高手虽然也有情绪，但他们能把自己的情绪控制在一定范围之内，不让情绪影响正常对话的进程，也不会让情绪制造出更多的障碍，遮挡住关注共同利益的眼睛。所以我经常强调两句话：第一，要把人的问题和事的问题分开；第二，谈判中最不重要的，就是我们自己的情绪感受。

大多数人对自己的感受很敏感，对别人的冒犯反应也相当强烈，一旦被冒犯，第一个反应就是"我好气""我好烦""我好无奈"，我把这称为"1.0版天然情绪雷达系统"，这也是很多人与生俱来的特点。

但是，想要在一些关键性沟通中减少自我情绪的影响，实现从外行到高手的转变，我们就要升级一下自己的"雷达系统"，将重点放在"扫描"对方的立场和情绪上。这套升级版的"雷达系统"我称为"6.0版感知雷达系统"，它涉及六个方面，分别为眼、耳、鼻、舌、身、意。具体来说，就是在关键性沟通中放下自己的情绪感受，让自己的眼睛找寻的、耳朵听到的、鼻子嗅出的、口中表达的、身体姿态体现的、意识始终放不下的，都是对方的利益和需求，以及双方的共同利益。我们的"雷达系统"只有不再向内关注自己的情绪感受，而是敏感地向外体察对方，剥开沟通中对方的立场和情绪，分析出对方的利益点和真实需求，再匹配自己的需求，才更容易将交谈的主动权掌握在自己手中，并最终与对方在利益上达成共识。

关于"6.0版感知雷达系统"的使用方法，我在后面会有详细阐述。在学会使用它之前，我们可以先做一件事，就是在关键性沟通中练习关闭那套"1.0版天然情绪雷达系统"，让自己的"雷达"向外扫描。如果你一时找不到"雷达"切换的感觉，我还有一个工具给你，那就是"肩膀上的小人儿"。它本来是一个心理咨询工具，目的是让心理咨询师跳出自我，观察自己与来访者的互动关系。

心理咨询本身就是对话和沟通，所以"肩膀上的小人儿"也可以引申到其他沟通场合。我们可以想象一下，这个小人儿不是我们，但"他"可以和我们沟通，帮我们看着对方，也帮我们看着自己。一旦我们过分地进入自己的情绪感受或执念之中时，"他"就会跟我们说："嘿，你的雷达用错了。"以此提醒我们关闭那个向内的"1.0版本"，打开那个向外的"6.0版本"，从而走出沟通的僵局。

第二章 · · ·

六角沟通法
——技能和思维的
应用模型

　　在日常生活和工作中，沟通都非常重要，但我们发现，不是每一场沟通都能得到自己满意的结果，或者让双方的需求和利益得到满足。任何沟通都是发生在特定的情境之中的，要实现有效沟通，首先要提升自己的表达能力和思维能力，对自己和所面临的复杂事物具有清晰的认知与理解；其次要提升对对方的认知能力，以及与对方的互动能力和博弈能力，将问题完美解决；此外，还要提升与沟通之外其他人有关的外交能力，获取更多人的支持和帮助。具备这六项技能和思维，我们才有可能完美地解决生活和工作中很多重要的问题。

六角沟通法的组成模块

很多人可能都有过这样的经历：在生活中，与家人、朋友沟通，明明是为对方好，结果却不欢而散；在工作中，与上司、同事对话，明明出发点是好的，或者一切都是为了工作，结果却让对方产生了强烈的抵触情绪，令谈话陷入僵局。

回忆一下，我们当时都是怎么做的？我相信不少人要么束手无策，隐忍不发，任由事情向着对自己不利的方向发展；要么怒发冲冠，说一些让自己事后后悔的话，让事情变得更糟。

但是，也有一些人可以很好地处理这样的问题，既不会伤害对方，又能恰当地表达自己的观点和诉求，进而解决问题，达成目标，满足双方的需求。这些人是怎么做到的呢？

简单来说，是因为这些人掌握了关键对话的能力。关键对话一般发生在一些关键时刻。

要在关键时刻"有言以对"，我们需要掌握六角沟通法。

首先我们要知道这一能力有哪些组成模块。搞清楚这些模块，我们才能评估自己在这个能力体系中处于什么位置。

六角沟通法，顾名思义，就是有六大模块，接下来我们逐一认识一下它们。

表达能力模块

应对关键性对话当然需要说话的能力，也就是表达能力，但是侃侃而谈，甚至口若悬河，并不等于表达能力好。表达能力必须紧紧围绕着自己的需求和对方的需求发挥作用，这一点我们要先明确。

思维能力模块

思维能力包括对复杂事物的理解能力和逻辑思维能力。我们在生活中面临的关键性沟通一般都是重要的事情，所以处理起来比较复杂。即使是租房子这样的事，除了租金，我们还可能要面对物业费、取暖费、租期、房间内的家具、房东存放物品等因素。如果要租个厂房，那就更复杂了。

在关键性沟通中，一个常见的问题就是其中一方或双方对眼前面临的相对复杂的事情理解不透，理不清头绪，因此半天也说不到点子上。这就是思维能力欠缺所导致的。

比如，我在工作中遇到的谈判，每件事都涉及企业经营、商业考量、组织机构调整、法律规制等，想要与客户进行良好的沟通，我就必须运用自己的思维能力，对整个事件有足够的了解，同时对自己负责的部分有深刻的把握，才能推动这场复杂的对话有进展。如果不具备这种能力，我的谈判是很难进行下去的。

对人的认知能力模块

对人的认知能力主要包括对人的认知、对文化背景的认知、对组织和管理的认知等。

在沟通过程中，认知对手很重要，不认知对手，就不知道对方的需求，也就无法通过交换需求达到对话的目的。比如，我们要从孙悟空手里买金箍棒，和从猪八戒手里买钉耙，沟通方式肯定是不一样的，因为我们太了解这两位的个性特征了。

交换和创造价值能力模块

交换和创造价值的能力是商业能力的核心。我们一直在强调，沟通的过程就是需求的交换过程，但如何交换，哪些交换是对等的，哪些交换又是吃亏的，这些都需要我们对价值有基本的判断，并且还要能设计出大致公平的交换形式，才有可能促进沟通的成功。

每一次交换都是一次价值增加的过程。无论是物品还是服务，如果不交换，它只有本身的使用价值，一旦交换，交换价值就创造出来了。更进一步说，那些本来难以达成一致的事情，对话者运用各种能力促成了各方意见的统一，这就是在普通人看不到价值的地方，生生创造出了交换价值。越是看起来不可能的事，而最终达成了一致，对话者创造的价值就越大。商业律师界有个奖项，叫"最佳交易撮合奖"，英文为 Best Deal Maker，直译就是"最佳交易制造者"。这件事之所以值得颁发一个奖，而且还是非常有分量的大奖，就是因为"制造"一个交易的过程就是创造价值的过程。

这项能力也是很多企业家所具备的特长。如果能掌握这项能力，我们就能在一些关键性沟通中发挥重要作用，并且帮助我们成为一个可以促成交易的价值创造者。

策略和博弈能力模块

博弈是一个局面，在这个局面中，参与者为了获得最大收益而采取一些行动，同时也要兼顾其他参与者的行动对自己的影响。下棋、打牌就是最常见的博弈形式。为了获得利益、满足需求的对话，也是博弈。在博弈的局面中，你计划采取的行动，你预测对手的行动，你在不同行动方案下的利弊分析，就是策略。可以说博弈是你对一个局面的解读能力，策略是你在特定博弈局面下的应对能力。

很多人喜欢在沟通中讲策略，策略的确是沟通过程中的一个重要因素，但我认为，沟通中更重要的是如何运用策略。胸中满是韬略，一上战场却不会了，那就成了纸上谈兵的赵括。我们练习沟通能力，并不是要具备诸葛亮那样的雄才伟略，而是要弄清什么是有策略的沟通，如何在沟通中有效地运用不同的策略，以及看懂对方在沟通中所运用的策略，再采取相应的策略加以应对。

策略并没有什么玄机，我们先要消除它的神秘感。沟通策略本质上就是先说什么和后说什么、什么该说和什么不该说，以及哪部分由谁来说、对方反馈后我们该怎么应对，等等。把这些问题搞清楚了，你就不再觉得策略难以把握，也不用担心别人对你使用计谋了。

外交能力模块

我们在新闻中经常看到那些高级外交官有着突出的外交能力，并且还能把六角沟通法中的六大模块都整合和运用得很好。在对话中，怎样为自己争取到最大的支持，怎样让自己遭受的阻力变得更小，都需要发挥外交能力。

以上六大组成模块中，表达能力和思维能力可以构成一个大的板块，这是我们自身应具备的能力；对人的认知能力、交换和创造价值能力以及策略和博弈能力可以构成一个大的板块，它让我们学会识别对方，具备与对方互动的能力；外交能力是一个单独的板块，是一种与他人有关的能力。如果将这六大模块的能力汇聚在一起，并形成一条能力流，那么你的沟通能力就会如"黄河之水天上来"一样了（见图2-1）。

图2-1　关键沟通能力的三大板块

在后面的内容中，沟通技能的提升和思维应用的模型都是紧紧围绕这六大能力模块展开的。这里我给大家提供了一个小工具——六边形能力图（见图2-2）。

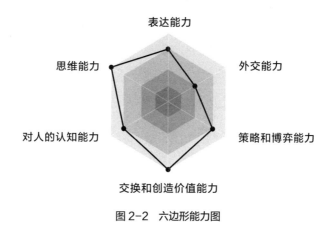

图2-2　六边形能力图

在这个图中，每个点代表了六大能力模块中的一种能力，能力越高，越向外延伸。我们可以先对自己的沟通能力做个评估，看看自己的能力图是什么形状的。等读完这本书，并运用其中的方法进行系统学习后，再评估一下自己的哪种能力模块获得了增长。

表达能力：会说的关键在于会听

在现实生活中，有些沟通比较友好，可以顺利进行；有些沟通是对抗性的，一上来就会陷入僵局。后者这样的沟通要如何进行，或者如何把这样的沟通转换成前者那样的沟通呢？这就需要我们具有过硬的表达能力，不但能够听出对方的真实诉求，还能有效地表达我们自己的观点。

比如，你刚刚给客户陈述了一个工作方案，但客户却表现得不以为然，甚至对你的方案和陈述多有指责，这时你该怎么办？

通常情况下有两种应对方式：一种是跟客户对着干，你批评我的方案，我不接受，我要跟你争论；另一种是和客户妥协，客户说得全对，我回去改。

在我看来，这两种应对方式都不理想，因为它们都没有与客户建立起对话与沟通的关系，无论哪种方式，都关闭了对话与沟通的大门。

沟通的真实目标是发现利益和满足需求，所以，我们应该从利益和需求的角度出发，重新梳理我们表达的能力和方式，通过有效沟通实现彼此的目标。而想要具备出色的表达能力，核心的底层能力是先学会倾听和思考。

在关系中倾听需求

俗话说得好：会说的不如会听的。能否准确听懂别人话中的意思，听出别人的需求，是有效表达的前提。对方要表达什么、需要什么，我们没有搞懂，那么接下来的表达也会是鸡同鸭讲，成为无效表达。

要听懂别人的意思，首先要记住一点，就是明确沟通双方的关系。我们常说，谈话是当下场合的艺术，沟通是关系的体现，沟通不放在关系中就没有意义。不同的人、不同的关系，说同样一句话，体现的含义也不同。

最简单的一句话："你这两天看起来很累。"如果父母、领导和恋人分别对我们说，含义就完全不同。父母说，可能是关心我们的健康状况，这是他们多年的习惯，另外也可能是想和我们制造聊天话题。领导说，一方面是出于对我们的关心，显示出他是个体贴下属的领导，想增进与下属的关系，尤其在工作比较多的情况下；另一方面，也可能是在观察我们，这几天工作不多，但我们看起来有些累，是不是在做其他事情？恋人说，首先也是关心我们，其次可能觉得你们最近一段时间缺少交流，对方希望得到更多的陪伴。

由此可以看出，在不同的时间点、不同的场合和情境中，简单的一句话往往包含着不同的含义。

我们在工作中有时会遇到以前的谈判对手，大家见面寒暄时，可能会说："我们又见面了，记得上次谈判还是三年前呢！"对方回答："怎么能不记得呢？"

这个回答就至少包含了三种情况：第一种语气是友好的，表示上次沟通得不错，棋逢对手，今天再见面很亲切；第二种情况表示这是他经手的项目，他都记得；第三种情况是有情绪的，比如上次吃了亏，回去后就后悔了，所以心里一直记恨着。

这就提醒我们，在倾听别人说话时，一定要放在关系里去倾听。给你一个简单的口诀，就是：**在关系中倾听需求**。不同的关系，会有不同的需求，比如，亲子关系的需求有陪伴、照顾、理解；恋爱关系的需求有陪伴、依恋、关心；上下级关系的需求有工作质量好、尊重上级、关怀下属；客户关系的需求也有工作质量好，同时还有一种"你是唯一客户"的特殊待遇感；等等。

关系和需求，就是我们倾听别人说话的解码器。如果缺乏关系和需求意识，我们听到别人说的话就是乱码。所以，下次我们在公司里开会或面对客户时，不妨仔细观察一下，看看发生沟通与对话的人之间是什么关系，便可以洞悉沟通者各自的真实需求了。

表达的三对概念

金庸先生的小说，在序言的开头总是会写上两句话："小说是写给人看的。小说的内容是人。"

在武侠小说里，那些刀光剑影都不过是一层外衣，作者真正要传达的永远是"人"的思想。只有里面的"人"，才能真正吸引读者。

沟通表达也是如此，话永远都是说给别人听的。在倾听别人的表达时，我们也需要了解对方不同类型的表达所传递出来的不同含义。

要弄清表达的类型，我们先要了解一下表达的概念。概括起来说，表达可以分为三对概念，分别为观察和事实、感受和判断、请求和要求。

1. 观察和事实

有人说，观察就是事实。我要明确告诉你的是，这个观点是不对的。**观察不是事实，只是观察者认为的事实。**有人面对一件事时常常会说："这不是明摆着的事实吗？"就算这件事对我们来说真的是明摆着的，但对别人也不见得。所谓"明摆着的事实"，只是我们观察到的最突出的特点而已。

现在很多人都喜欢熬夜刷剧，这件事就会有很多层次的事实。站在我们自己的角度，我们的描述可能是："这部剧我连续看了很多集，很快就追上进度了"；站在家人的角度，他们的描述可能是："你一周内已经连续三次熬夜刷剧了"；站在医生的角度，他们的描述可能是："你双眼充血，颈椎和周围肌肉僵硬"。

很明显，这三句话说的都是事实，不带有任何的感受和判断，但描述出来的却完全不是一回事。

有一句话叫"真相只能接近，无法还原"，即使是法官断案，也是依据法庭认可的证据建立一个判决书上的事实，这个事实也不完全等同于实际发生的事实。

因此，我们在表达时要清楚地知道，我们所描述的话语只是在描述自己观察到的"事实"而已，它并不等同于事实，我们也不要将其当成事实。

2. 感受和判断

感受和判断都是主观的，但我们要将两者区分开来。

比如，你的女朋友对你说："我觉得你对我不好。"你认为这句话是感受还是判断?

在很多人看来，似乎以"我觉得""我认为""我感觉"等开头的话都是感受，但这句话却是一句判断。感受是发自内心的一种感觉。如果女朋友跟你说"我觉得很伤心""我感觉很失望，"这些都是感受。判断是给别人下结论，比如"我觉得你对我不好"这句话就是在评判对方，而不是发自内心的感受。

通常来说，表达感受的句子会先有一个观察的事实，继而加上一个自己的情绪描述，即"观察＋感受"的句式，如：

- "我考试失误了，我很沮丧。"
- "你最近又买包包又买手机，我有点担心开销情况。"
- "他们没有答复，我感到很失望。"
......

在"我觉得""我认为""我想"等作为引导的句子后面还有其他人称代词的，多数属于判断，如：

- "我觉得我应该考得更好。"
- "我认为他们会给我一个答复。"
- "我想你最近花钱有点多。"
......

判断通常有三种表达形式，分别为**评价、比较和归责**。

在说话时，如果我们的话语中使用了对他人的形容词，一般都是评价。比如在看到姚明后，我们可能会说："哇，姚明你好高啊！"这就是一句评价。其中的"高"字，就是我们基于姚明的身高这个数据事实与人体平均身高数据比较后做出的评价，也是我们基于个人观察所给出的评价。

比较很容易理解，比如看到一个人身材矫健，我们可能会说："你好像运动员啊！"这就是一种比较。

在运用比较时要注意的是，尽量谨慎使用一些有奉承意义的比较，尤其不要拿对方与其他人做比较，否则容易引起对方的不快。比如，我们刚认识一个女生，为了拉近与对方的关系，于是跟她说："我觉得你长得很像我们公司的小李。"无论这个女生是否认识小李，她心里都不会高兴，哪怕我们马上找补一句"小李是我们公司最漂亮的女生"，也没什么用，对方心里也许会想：谁知道小李是个什么样的人！

归责就是把一件事的责任指向别处或他人，比如，"我最近工作太累了，所以才又开始抽烟。""都是你影响我，我的车才撞到了树上。"这些归责也是判断。但是，任何事物之间的因果关系都不是这么简单的，所以这种判断大多数情况下都是在推卸自己的责任而已。

3. 请求和要求

我们与他人的沟通对话，最终都将落在请求上。彼此之间有了请求，也就有了用利益交换来满足彼此需求的实际操作过程。

那么，表达中要如何提出请求呢？这里有两个原则：

第一，请求对方做出的动作要具体。比如，在商务谈判中，如果我们对对方说："我们希望您能够展现出诚意。"这个请求就不够具体，对方也肯定会提出反驳。但如果换一种说法，如："我们是很有诚意达成这个交易的，也希望您展现一下诚意，将价格降15%，这样我们也会认真考虑一下您对最低采购量的要求。"这就是具体的请求，并且提出了交换利益，让对方知道我们不是在请求他白白让步。

第二，请求没有得到满足时不能用惩罚。如果一个请求没有得到满足，就会招来惩罚，那就不是请求，而是要求，或者是强制的命令。比如，在集体宿舍里，我们对自己的舍友说："你能不能把快递收拾一下，别堆在门口？"而对方回答："我正在做饭。"这时我们可以说："你正在忙是吧？那你忙完后收拾一下可以吗？"这就是请求。

但如果对方说他此刻正忙，我们又说："你就是这样邋里邋遢，喊你还喊不动！"这就不是请求了。因为对方拒绝后，我们给了对方一个负面评价，那么请求也就变成了要求。

用正确路径解决问题

在沟通过程中，不论是口头的还是书面的，想有效表达，都要学会描述自己的观察、表达自己的感受和提出自己的请求。因为这种表达方式对应的是我们的需求，而满足需求才能真正满足我们的利益。

相反，如果我们在表达时总是强调"这就是事实""我就是这么认为的""你就要按照我的意思去做"……这些就属于无效表达。因为它们强调的都是立场，并且完全是从自己的角度出发的立场，立场是会掩盖利益的，所以也难以满足需求。

我们在倾听的时候，也要用这种方式来听，听对方所说的话是观察还是自以为是的事实，是感受还是自我产生的判断，是请求还是强加于人的要求。如果对方没有运用正确的方式表达，我们也可以引导对方，从而发现对方的真实需求。

比如，对于熬夜刷剧这件事，如果我们想提醒家人，就可以说："我注意到你这周已经连续两天熬夜刷剧了，有点担心你的身体。今天晚上不刷了，11点之前就睡觉，好不好？"

在这句表达中，就有观察（"我注意到你这周已经连续两天熬夜刷剧了"）、有感受（"有点担心你的身体"），也有具体的请求（"11点之前就睡觉"），因此是非常好的表达。

但如果对方不理解，并且反驳说："熬夜并不影响我的身体，你干涉我太多了，你能不能不管我？"

这句表达中就有自以为是的事实（"熬夜并不影响我的身体"）、自我产生的判断（"你干涉我太多了"）和笼统的要求（"你能不能不管我"），显然这属于不合格的表达。

想要应对这种情况，我们就要以倾听需求的方式来提问，学会在关系中倾听需求，比如问对方："你是白天太忙了，感觉晚上刷剧可以放松是吗？""没有跟上剧集播出的节奏，让你感到焦虑了吗？""你熬夜之后，第二天上班会困吗？""周末休息时我陪你一起刷剧，你觉得可以吗？"通过类似的询问，倾听对方的表达，弄清对方的真实需求，我们才能找到正确的路径去解决问题。

综上所述，良好的表达能力首先是会倾听，在关系中听出对方的真实需求，其次是表达自己的观点时少用判断和要求，多用"观察＋感受＋请求"。这样，我们才不容易迷失在对话的无效字词句当中，从而找到解决问题的正确路径。

思维能力：对复杂事物的理解能力和逻辑思维能力

有人说，会沟通就等于会说话、会表达。我们要指出的是，这个观点是错误的。在沟通过程中，出色的表达能力很重要，但表达能力必须建立在我们对事物理解的基础之上，否则，哪怕再能说会道、口若悬河，话说不到点子上，也无法让一场沟通向前推进。尤其在面对一些复杂事物时，理解得不够深入和全面，沟通就无法产生有效的结果。就像我们不能找胡同里的老大爷帮我们去谈一个股权收购合同一样，老大爷可能很会说话、有表达能力，但缺乏对股权收购这一复杂事物的理解能力和思维能力，自然也拿不到想要的结果。

沟通能力是一种复合能力，光会说话、会表达并不能成为沟通高手，真正的沟通高手，一定是对复杂事物有着深刻把握和理解能力的人。比如，美国前国务卿基辛格是个谈判高手，正是源于他对复杂的国际局势有着深刻的理解能力和把握能力。但如果直接让基辛格去跟绑匪谈判，解救人质，他可能也需要对绑架的具体场景和绑匪心理等进行一番研究，才有可能谈判成功，救出人质。在这个过程中，基辛格就要将自己对复杂事物的理解能力应用到不同领域，这也是一个谈判高手所具备的底层能力。也就是说，即使如基辛格这样的谈判高手，也不能单凭一种能力行走于国际政治的江湖。

复杂事物的理解能力

在生活和工作中，我们可能会经历很多次关键性沟通，这些沟通有简单的，比如租房、买东西等，可能价格不菲，也需要谈判，但复杂程度不高；也有一些比较复杂的沟通，比如律师遇到的案件、公司租赁厂房、几个人合伙投资店铺等，这些场景涉及的问题就很复杂；如果再涉及公司董事会开会，或者联合国安理会开会等，那情况就更复杂了。

对于一些比较复杂的问题，尤其是我们不够熟悉的复杂问题，在处理时就需要先梳理出头绪。在这里，我给大家推荐三个理解复杂事物的思维工具，分别为**金字塔模型**、**镜头切换法**和**多元思维模型**。

1. 金字塔模型

金字塔模型是著名咨询公司麦肯锡的核心工作方法之一，

迄今已有几十年了，一直被认为是脑力工作者的重要思维工具（如图 2-3 所示）。

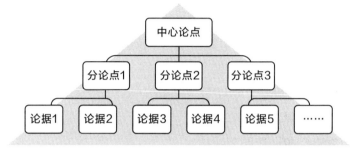

图 2-3　金字塔模型

　　金字塔模型，顾名思义，其形状像一座金字塔。塔尖上为主要论点或中心论点，一般由 3～7 个分论点支撑，每个分论点又可以看作一个论点，下面同样有 3～7 个论据支撑，这样就可以搭建出有若干层的金字塔结构。

　　从这个模型可以看出，它其实就是一套将信息系统化的归纳模型。就像我们家里的收纳柜一样，将到处散落的物品分类安放，不但能让物品看起来更清晰直观，还能使各类物品关系更加明确，寻找、使用起来也会更加容易。

　　沟通能力就是一个金字塔结构。首先，金字塔塔尖是我们的核心认知，即沟通对话能力是一个复合能力，这个能力有三个分支，分别为对自我的认知能力、对沟通对象的认知能力和对其他人的认知能力。这三个分支下面继续有分支，由六个支柱支撑着，也就是六大能力模块：表达能力、思维能力、对人的认知能力、交换和创造价值能力、策略和博弈能力以及外交能力。同样，这六大能力模块下面还有子模块，比如表达能力包括听、说、读、写能力；思维能力包括对复杂事物的理解能力和逻辑思维能力；等等。有了这样的金字塔模型，我们对一个复杂的事物就有了拆解的方法。

在律师工作中，我们想为一个人做无罪辩护，就可以用金字塔模型。因为犯罪构成需要几个要件都符合，才能使犯罪成立，理论上一般有"三要件"说、"四要件"说等，这其实就是犯罪构成的三个支柱或四个支柱。在每个支柱下面，又会有不同的小支柱。

以"四要件"说为例。一个人是不是构成了犯罪，要看主体、客体、主观和客观四个要件，这就是论点下的四个支柱。这四个支柱只要有一个不成立，就不能说这个人构成了犯罪。需要注意的是，证明一个人犯罪要比证明一个人不犯罪困难得多，因为证明犯罪需要四个要件同时成立，而证明不犯罪只需要推翻一个要件，或者一个要件中的一个支撑的小支柱就够了。比如在"客观"这个支柱下，有个小支柱叫"证据"，"证据"下又有个最重要的支撑，叫作"血手套"①，你只要说服陪审团，证明"血手套"有问题，应该排除，那么"证据"这个小支柱就无法支撑，"客观"也同样无法支撑，犯罪也就无法构成了。

金字塔模型的结构很简单，很像我们写作文时的一个论点要有三条论据，但它的应用却十分广泛，既可以用来整理学科知识，又可以用来写文章、讲课；既可以正向推导，也可以反向推导。不管是在沟通对话还是在谈判规划时，运用金字塔模型都可以收到很好的效果。

比如，在一场谈判中，我们的目标是就收购对方公司的估值方法达成一致，这个核心目标下面就可以有几个支柱来支撑，包括财务计算、法律架构、谈判分工、谈判后勤等，之后再向下细分，将整体任务拆解成一个个的小任务，最后将任务落实到具体负责人身上。将任务完全明确，完成起来就会很容易。

如果想要倒推，就可以先收集材料，再以合并同类项的方法将材料整理在一起，越整理分类越少，最后推导出一个具体

---

① 这里的"血手套"来自美国一起著名案件——辛普森杀妻案，案件中的一个物证就是辛普森的血手套。这副手套上有三个人的血迹，分别是妮克、高曼和辛普森的，也就是说辛普森极有可能是戴着这副手套行凶作案的。但是在法庭上，辛普森试戴了这副手套，结果显示手套的大小和辛普森手的大小根本不相符，而且第一个发现这副手套的洛杉矶警察之前有过"种族歧视"的案底。就是在这时，辛普森的律师说出了那句著名的辩护语："如果戴不上那就是戴不上，如果戴不上你们就必须还我当事人以清白。"

的结论。在很多刑侦剧的警方破案场景中，警察就是先把收集到的各种信息都贴在墙上，然后逐条整理，慢慢理出线索，最后得出结论。这就是倒金字塔模型的使用方法。

2. 镜头切换法

镜头切换法来自美国前国务卿基辛格。基辛格一生参与过无数次外交谈判，成功的案例比比皆是，当然也有失败的案例，但这丝毫不影响他成为一名谈判大师。基辛格所面临的关键性沟通常常都是极为复杂的国际政治问题，或者是一团乱麻的争端局势，他是怎样把这些问题抽丝剥茧、条分缕析地理清的呢？

其中一个最关键的方法，就是镜头切换法。很多时候，影响我们认识和把握复杂问题的常常是我们的视角。有时我们过分关注事物的局部和细节，忽略事物的全局和整体；有时我们又过于大而笼统，把握不好具体的目标和方法。而镜头切换的思维就让我们既能看到单株树木，又能看到整片森林，学会从多重视角去把握一个复杂的问题。这里还有一个重要的视角，就是要看到是否有遗漏的利益相关者，不要只盯着直接沟通或谈判的一方，而是要学会看问题的全景。

基辛格有一项重大的外交成就，就是促成了越南停战，签订了《关于在越南结束战争、恢复和平的协定》。当时，为了促成越南停战，美国和越南北方进行了艰难的谈判，双方互不信任，很多方面无法达成一致。基于此，基辛格便将镜头拉远，去看整个图景。

表面上看，这场谈判是在越南北方和美国所支持的越南南方之间进行的，但实际上，越南北方也有自己的支持者，那就是当时的苏联和中国。这让基辛格认识到，只要改善美国与中国、苏联的关系，不仅对解决越南问题有所帮助，甚至对正在美苏争霸中的美国也十分有利。

于是，基辛格秘密访华，而后促成了1972年美国总统尼克松访华，使国际政治出现了大变局。之后，基辛格又着手改善美国与苏联之间的关系，他先从联邦德国入手，改善联邦德国与苏联的关系，帮助苏联减轻了来自西方的压力，换取了苏联在越南问题上的态度变化，最终促成了越南停战。[①]

在这一系列的复杂操作中，基辛格就准确地把握住了整个国际政治图景和各方的利益诉求，将重要的参与方都拉入促进越南停战的进程中来。

广角镜头不仅能发现沟通和谈判中的重要关系方，还能发现各方的利益关系。利益是沟通和谈判的核心。对上面案例中的基辛格来说，评估复杂的利益不仅需要仔细探讨对方的观

---

① 亨利·基辛格．白宫岁月：基辛格回忆录 [M]．方辉盛，赵仲强，吴继淦，译．上海：上海译文出版社，2016：130．

点，还要仔细研究塑造了这些观点的历史背景。用基辛格的话说，这"需要一种历史感，一种对不在我们控制范围内的、各种力量的理解，以及一种对事件结构的广泛看法"。

除了需要广角镜头，特写镜头也不能忽略。

以色列前总理果尔达·梅厄曾这样评价基辛格，基辛格有"对他所要解决的任何问题的最微小的细节进行处理的神奇能力"[①]。梅厄夫人还举了一个例子：基辛格曾告诉她，自己以前从未听说过一个名叫库奈特拉的地方，但当他开始参与有关叙利亚和以色列在戈兰高地的谈判时，那里的每一条马路、每一幢房子，甚至每一棵树，只要是他该知道的，他全知道。也就是说，当基辛格将广角镜头拉近时，他不仅会了解这个地方，还会用特写的方法去了解这里的人，并且由此为他的谈判对手量身定做一套沟通谈判的方法。

由此可见，在沟通过程中，我们不应该将放大和缩小焦距视为一种两步走的程序，即先用广角镜头研究战略，再用特写镜头关注细节，而是应该随着对一件事情的了解和不断深入，反复在两种视角之间进行切换，全面地洞察所面对的事或人，

---

① 詹姆斯·K.塞贝纽斯，R.尼古拉斯·伯恩斯，罗伯特·H.姆努金.基辛格谈判法则[M].龚昊，译.长沙：湖南文艺出版社，2020：200.

用镜头切换的思维去把握一件复杂的事，并开启一场沟通。

3. 多元思维模型

世界上很多有成就的人都倡导使用多元思维模型，其中以股神巴菲特的合伙人查理·芒格最为推崇。查理·芒格曾说："你必须知道重要学科的重要理论，并经常使用它们——要全部用上，而不是只用几种。大多数人都只养成了一个学科——比如说经济学——的思维模型，总是想用一种方法来解决所有问题。"[①]说到这个问题时，查理·芒格还喜欢引用一句谚语："在手里拿着铁锤的人看来，世界就像一颗钉子。"[②]意思是说，如果我们只有一两套解决问题的方式，那么这种方式就会以自己的逻辑扭曲我们看待世界的视角，直到它符合我们的思维模型，或者至少扭曲到我们认为它符合自己的思维模型为止。

一些重大或复杂的沟通活动往往会涉及许多学科和知识，要实现有效沟通，我们只用一两种思维模型是远远不够的。

作为一名企业并购律师，我在工作中总会不可避免地运用法律思维去思考问题，比如：什么是合适的并购交易

---

① 彼得·考夫曼.穷查理宝典：查理·芒格智慧箴言录[M].李继宏，等，译.全新增订版.北京：中信出版社，2021：154.

② 彼得·考夫曼.穷查理宝典：查理·芒格智慧箴言录[M].李继宏，等，译.全新增订版.北京：中信出版社，2021：154.

结构？是股权并购还是资产并购？合同生效要满足哪些条件？交割的前提条件是什么？它们之间有什么样的关系？等等。

但是，这些是远远不够的，我还要具备一定的财务思维，因为所有的公司并购都会涉及公司的财务情况，没有这方面的知识和思维，我就无法定价。

我还要有一定的经济学思维，懂得一些经济学知识，因为并购企业涉及各行各业，矿山企业的并购思路与互联网企业的并购思路肯定是不一样的。

除此之外，我还要有一套风险评估分配的思维，因为并购中会涉及各种可能出现的风险，这时对风险的评估、风险在交易各方中的分配、出现问题的概率、出现问题后的责任上限等问题，都需要利用风险评估分配的思维来解决。

而在沟通和谈判正式开始后，还会涉及许多人的问题，这时心理学、营销学等各种思维也都会派上用场。

你看，仅仅是律师这个职业，在实际工作中就需要不断切换使用各种思维，并且这种情况比比皆是。

除了一些大的学科思维，还有一些小的但很经典的思维模型对我们的实际沟通同样有利，以下是几种比较常见的思维模型。

逆向思维模型。这也是查理·芒格经常提起的一种思维方法，即当我们不知道去哪儿的时候，没关系，至少我们要知道自己不要去哪儿。曾经有人问巴菲特要如何才能成功，巴菲特侃侃而谈，而查理·芒格总是会慢悠悠地补上一句："还有别吸毒，别乱穿马路，别得艾滋病。"这就是逆向思维，即把不行的内容先排除掉。

均值回归模型。虽然我们身边偶尔会发生异常的事，但事情总会归于常态。均值回归模型就是让我们尽可能地忽略那些异常情况，从常态去思考问题，而不是脑子里整天想着什么时候出现"黑天鹅"事件。

第一性原理。这个原理是让我们回归事物的本源，而不是依靠既有信息和条件去处理问题。比如，智能手机刚刚问世时，很多机型都配有电子笔。但苹果公司在探讨电子笔问题时，乔布斯就明确表示不带电子笔，因为人的手指就是最好的笔。书写需要笔，这是经验给定的信息，但这个信息有时也是有缺陷的。回归第一性原理，就是用手指在手机上书写。所以，现在的智能手机几乎都不再配电子笔了。

奥卡姆剃刀定律。这个定律原本是说，如无必要，勿增实体，在这里可以引申解释为：前提和假设最少的答案往往是正确的答案。我也经常据此引用另一个推论：凡是不正常的现象，背后一定有一个特别正常的原因。

帕金森定律：这个定律是说，完成一件事的期限越长，我们的工作量就会越大，因为我们总会在完成期限前找一些本不需要去做的小事情将期限充满。帕金森定律可以用在很多地方，比如要缓解交通拥堵就修建很多宽大的马路，结果只会吸引来更多的车辆，交通拥堵问题仍然无法解决。

以上这些思维模型若运用到日常沟通中，也能让我们看待问题、表达问题的角度变得不一样。实际上，多元思维模型只是一个框架，或者说是一个多宝阁，我们需要用自己所学的各种学科知识和积累的各种思维方式将一个个多宝阁填上，这也提醒我们平时要多加学习和积累。总而言之，多元思维很好用，但前提是一定要有内容才行。

总而言之，要完成一次成功的关键性沟通，最重要的不是会不会说，而是能不能把一件复杂的事情理解清楚。**理解复杂事物的能力，决定着我们的沟通水平。**当然，以上我介绍的三大思维模型和一些小模型，也需要变换使用才行。从多学科的思维角度去看待事物，用金字塔模型整理信息，得出结论，同时用镜头变换的方式既要看到全局，也要抓住局部关键。经常练习，我们就能在沟通中将三大思维模型运用得得心应手。

逻辑思维：构建理性世界的根本秩序

我们常说，某人讲话讲得好，很有逻辑，可见，逻辑在沟通交流中处于比较核心的位置。事实上，不管是口头表达还是书面表达，逻辑混乱都容易给沟通交流造成障碍。

有人可能会说，讲话有逻辑还不简单吗？不就是分条来讲嘛，比如"关于这件事，我来讲三点"，这不就有逻辑了吗？

我想说的是，沟通中的逻辑远不止于此，而且所谓的"凡事讲三点"也可能出现逻辑错误。我就经历过一件有趣的事：在一个系列谈判中，某一方的律师不管讲什么，都喜欢先说"我来讲三点"，但听着听着我就发现，他讲的第二点只是与第一点中使用的概念不同，第三点则是在重复第一点。后来，我们一起开会的人都戏称他为"三点律师"。

从这个例子中就会发现，逻辑思维在沟通表达过程中十分重要，但真正的逻辑思维应该是有逻辑地组织我们的表达、有逻辑地展开双方的沟通。要做到这两点，我们需要掌握一个模型、三大规律和一个应用规则。

1. MECE 模型

MECE 模型的英文全称为"mutually exclusive, collectively exhaustive"，中文直译为"相互独立，完全穷尽"，也可翻译为"不重不漏"。我们在说明一个问题时，可以有几个论据来支持，这几个论据之间就应该是不重不漏的，即任何两个论据之间都不能互相重复，并且所有的论据加起来要尽可能地说全面了。

MECE 模型经常与金字塔模型结合使用，金字塔模型是由一个主论点和下面的 3 ~ 7 个论据组成，这些论据之间就应该符合 MECE 模型。

假如你是一名检察官，要起诉一个小偷，起诉书中应该将犯罪构成的四要件——主体、客体、主观、客观——都逐一说明。那么在检查的时候，你就要看看自己有没有写重复或漏写，比如把有行为能力这件事在犯罪主体里写了一遍，在犯罪的主观方面里又写了一遍，这就重复了。同时还要检查一下是否有漏写的，比如想当然地认为这个犯罪主体没有问题，是有完全行为能力的成年人，导致没有谈主体，这就是漏写了。

当然，不重不漏的原则也不是铁板一块、不能改变，有时是可以重复的，有时也可以漏掉，但这些都必须建立在清晰的MECE模型之上。

对于一些重要问题，在不同论据中可能都用得上，这时就可以重复。比如，一个恶性杀人案的嫌疑人，杀人手段十分残忍，这就是他犯罪的客观方面；而他使用的那些残忍手段，也是他犯罪的主观方面，说明他犯罪的主观恶性极大。在这里，"手段残忍"这个点就可以重复出现在客观方面和主观方面的论述中。但需要注意的是，我们必须在第二次谈到"手段残忍"这个点时，明确地说出"正如上文所述"。也就是说，一些重要问题可以重复，但必须清楚地表明我们知道自己在重复，而且这个重复是有必要、有意义的。

在MECE模型中，有意识地漏掉一些不重要的论据也是可以的。比如，你想向领导说明一个项目应该交给你来执行，这时你的论点就是："我是最合适的人选。"你为此组织的论据可能包括：你做过类似项目，有相关经验；对方是你服务多年的客户，你了解他们的需求；你刚刚参加完一个专业的培训课程，正好就是针对此类项目的。这三点就符合"ME"，即分别涉及你的项目经验、客户经验和知识技能准备。当然，你还有其他优势，比如身体好、能熬夜，该项目落地城市是在自己家附近，你比较了解情况，等等。这些论据也能说明你适合这个项目，但并不那么直接和必要，所以就可以从略不讲，这就是有意识地"漏"。

在运用 MECE 模型时，还有一个需要解决的问题，就是各个论据之间要如何排序。这里有一个根本原则，就是要减少信息接收者的负担。简单来说，不管是听我们说话的人还是看我们写的东西的人，都应该感觉不累。只有让对方不累，我们的话对方才能听得进去，我们写的文案对方才能看得进去。

在安排论据顺序时，主要有两种方式：自然顺序和思维顺序。

自然顺序一般包括时间顺序、空间顺序、原文顺序等。

在讲述一件事时，这件事在不同时间段都是如何发生、如何进展、如何结束的，这就是在按照时间顺序讲述。

如果按照地点来讲，第一个地点发生了哪些状况，第二个地点又发生了哪些状况，这就是在按空间顺序讲述。

原文顺序是遵循原来文本中所提问题的顺序来讲述，比如客户对我们公司的产品提出了 8 个问题，是按照从 1 到 8 的顺序列出来的，那么我们在作答时也可以按照从 1 到 8 的顺序来逐一回答，这就是按原文顺序讲述。

思维顺序一般包括重要性顺序、相关性顺序、形式逻辑顺序等。

重要性顺序是先讲重要问题，再讲具体技术问题。比如，客户给我们一份合同，如果里面大部分都是技术问题，那么我们就可以按照条款顺序，把需要讨论的条款拿出来讲。但是，如果这份合同的基本结构、基本原则有问题，那就要先讲基本问题。

相关性顺序是先讲最直接相关的问题，再讲间接有关的问题。比如，一个人曾经是程序员，后来开始写小说，成为一名科幻作家。现在有机构请他去做讲座，让他讲讲自己是如何实现职业发展转换的，那么他首先要讲的就是自己为什么要转换职业、怎么转的，而不是大谈特谈自己在大学时学计算机的故事，也不要讲自己平时如何锻炼身体。这些可能对职业转换有影响，但不是直接影响，一定要先讲直接影响，再酌情讲间接影响。

形式逻辑顺序因比较重要，我们下面进行详细阐述。

2. 形式逻辑的三大规律

"逻辑"这个词来自古希腊语 logos（逻各斯），原意是理性、道理。形式逻辑是一种思维方式，强调逻辑的形式正确，不要求内容的正确。形式逻辑有三大规律，分别为同一律、矛盾律和排中律。

同一律就是要求用词、用语、概念等必须前后一致。有时我们说某个人说话总是偷换概念，其实就是说这个人的话语违反了同一律。如果用公式表达就是：A 是 A，或 A 等于 A。

矛盾律是指相互矛盾的两个论点至少有一个是假的。比如，"大地是平的"和"大地是球形的"，这就是两个相互矛盾的论断，并且至少有一个是假的，不能都是真的。如果用公式表达就是：A 不能既是 B 又不是 B，或 A 不是非 A。

排中律是指在同一思维过程中，两个相反的论点必定有一个是真的，不能同时都是假的。比如，"蝙蝠是鸟"和"蝙蝠不是鸟"这两个论点中，必然有一个是真的，蝙蝠要么是鸟，要么不是鸟，两个论断不可能同时为真，也不能同时为假。如果用公式表达就是：A 或非 A，也可以表达为 A 是 B 或 A 不是 B。

需要注意的是，在运用矛盾律与排中律时要注意二者的区别。矛盾律的意思是说，两个相反论点不能都是真的，而排中律则表示两个相反的论点不能都是假的。

3. 三段论规则

在形式逻辑沟通中，最常见的应用是三段论。三段论是由大前提、小前提和结论构成的。比如，在"所有的天鹅都是鸟，丑小鸭是天鹅，所以丑小鸭也是鸟"这句话中，"所有的天鹅都是鸟"是大前提，"丑小鸭是天鹅"是小前提，"所以丑小鸭也是鸟"就是结论。这是一句带有形式逻辑的话，这种话语在沟通中我们经常用到。充分理解三段论，可以使我们在沟通中避免犯逻辑性错误，同时也能敏锐地发现他人话语中的逻辑错误。

要充分运用三段论，我们还需要掌握几个重要规则。

规则一：一个三段论只能有三个不同的项。

三段论中一般会有三个概念，比如，在"所有的天鹅都是鸟，丑小鸭是天鹅，所以丑小鸭也是鸟"这句话中，就有天鹅、鸟、丑小鸭三个概念。在表达时，要让这三个概念保证同一律，不能变来变去。

规则二：中项必须至少周延一次。

三段论中会有五个关键词，其中三个表示范围，分别为：所有、有些、没有；还有两个词表示判断：是和不是。

比如，"所有的天鹅都是鸟，有些天鹅是白色的，没有天鹅不是鸟"这句话，就是由五个关键词串联起来的。

周延，就是使用"所有"或"没有"这样的范围限定词。在"所有的天鹅都是鸟，丑小鸭是天鹅，所以丑小鸭也是鸟"这句话中，"鸟"是大项，"丑小鸭"是小项，"天鹅"是中项。根据中项必须周延一次的规则，"天鹅"就需要周延。否则，这句话就变成了"有些天鹅是鸟，丑小鸭是天鹅，丑小鸭是鸟"，就不对了，因为丑小鸭也可能属于不是鸟的那种天鹅。

规则三：两个否定的前提不能得出肯定的结论。

在"所有猪都不是鸟，丑小鸭不是猪，丑小鸭是鸟"这句话中，逻辑就是错误的，原因就在于两个否定的前提得不出最后肯定的结论。

规则四：前提中有一个是否定的，结论也要是否定的。

在"所有猪都不是鸟，佩奇是猪，所以佩奇不是鸟"这句话中，有一个前提是否定的，所以就得出了"佩奇不是鸟"的结论。

形式逻辑在沟通、对话、谈判、辩论中使用频率非常高，有些人说话习惯使用三段论，但很多时候他的前提就是错误的，比如，"我们是一家大公司，大公司是讲诚信的，所以我们是讲诚信的"，这个三段论的形式是正确的，但"大公司都是讲诚信的"这个前提是错误的，所以整个句子的内容就是不真的。

还有偷换概念的，比如，在"群众的眼睛是雪亮的，我是群众，所以我的眼睛是雪亮的"这句话中，"群众"是一个集体概念，"我"是个体概念，将集体概念偷换成个人概念就违反了同一律，即"群众"这个中项在两个前提中的意思不一样了，所以这句话的逻辑形式就是错误的。

如果想让这句话的逻辑形式正确，可以改成"所有群众的眼睛都是雪亮的，我是群众，所以我的眼睛是雪亮的"。加上"所有"这个大前提后，"群众"就成了个体概念，它的逻辑形式就对了。但是，从内容上来说，它仍然是个错误的结论，因为并不是"所有群众"的眼睛都是雪亮的。

所以，想让一句话既要逻辑形式正确，又要内容正确，是需要仔细斟酌的。尤其是要理解和遵循逻辑形式的三大定律，掌握三段论的形式和一些重要的三段论规则，对于我们组织自己的逻辑表达，以及判断他人话语的逻辑是否正确等，都会有很大的帮助。

常见的逻辑错误

了解了逻辑的基本规则，接下来我们看看一些常见的逻辑错误。这些错误示范既能让我们明白哪些错误要尽量避免，也能启发我们如何去发现别人语言中的逻辑问题。

1. 错误归因

我们的思维基础是因果关系，所以总喜欢为事情找到一个归因。比如，孩子感冒是因为穿少了，路上堵车是因为红绿灯设计不合理。如果找不到明确的原因，就会说是素质问题或管理问题。

但是，许多事情的原因是多元的，甚至是不清楚的，当我们经常把一个结果归因于一个看似明确的原因时，多半就会形成错误归因。其中最常见的就是把相关性当成因果关系，比如，公鸡打鸣和太阳升起，这两种现象经常会同时发生，但如果你把公鸡打鸣说成是太阳升起的原因，那无疑就是荒谬的。再比如，随着虚拟经济的发展会出现一些新型的经济犯罪，如果我们认为虚拟经济必然导致经济犯罪增加，也是把一个相关性当成因果关系的错误归因。

还有一种错误归因，就是把因果关系颠倒了。比如，有一则新闻说，某国际大药厂开年会，请了几个当红明星去唱歌。有人看了就说："都是因为药厂要请大明星来表演，药价才那么贵！"这就是一个因果关系错误，其实应该是先有药价贵、药厂利润高这个原因，才能请得起大明星。

一些谈判也经常出现因果错误，比如有人说："我的产品之所以卖得贵，是因为我们的成本高。"产品的价格是由供需关系决定的，与成本无关。如果成本是价格高的原因，那么我们把产品成本都做得高高的，不是都可以卖上高价了吗？

2. 以偏概全

很多人习惯把自己的经验当成普遍的经验，一旦这种思维习惯到处蔓延，就容易犯以偏概全的错误。

比如，我们有鼻炎，吃了某种药感觉好多了，于是就会形成一个以偏概全的想法，认为这种药一定可以治疗鼻炎。

在这个案例中，我们首先进行了错误归因，因为有些鼻炎是季节性的，不吃药，过敏季过去后，鼻炎也会好。其次，即便药物起了作用，也只能说明这种药对我们自己所患的鼻炎有效，但对其他人并不一定有效，如果我们认为这种药对所有鼻炎都有效，就是以偏概全。

人们之所以容易犯这类错误，往往是因为思维懒惰，找到一个点后，就不再去思考其他原因了。

3. 虚假结构

我们和他人沟通时会发现，有些人说的话听起来好像很有逻辑，或是因果关系，或是递进关系，可是仔细琢磨后发现，这些话前后之间并没有关系，只是一种漂亮的罗列而已。

比如，"坚持成就习惯，习惯形成性格，性格决定命运"，这句话听着很有道理吧？反过来看，"命运决定性格，性格形成习惯，习惯成就坚持"，听着也挺有道理。那么，到底是坚持决定命运，还是命运成就坚持呢？

如果仔细思考一下，我们就会发现这只是两句漂亮话，其中的构成要素之间并没有什么逻辑关系。

还有一种虚假结构，就是用一些干巴巴的抽象概念组织起一些没有实际意义的话，比如，"我们实验室的工作，以学校远景规划为目标，以学术前沿为引领，重点在于攻克当下学科难题，难点在于研究人员的学术素质全面提高"。

这句话听起来好像挺通顺，但如果将内容变换为："我们实验室的工作，以学术前沿为目标，以学校的远景规划为引领，重点在于研究人员的学术素质全面提高，难点在于攻克当下学科难题。"把"目标""引领""重点""难点"的内容调换一下，意思并没有什么变化。这种结构就叫作虚假结构，看似有结构，其实完全说不清各内容之间的关系。

4. 滑坡逻辑

滑坡逻辑是说，一旦开始一个句式，就会一直沿着这个思维逻辑讲，像是一个皮球滚下山坡一样，不会停止，最终得出一些耸人听闻的结论。

比如，领导劝说我们别离职，一旦离职了，就会几个月接触不到一线业务，最后自己的本领就白白浪费了。

一旦我们沿着这个逻辑思考，把事情想象成只有一个趋势，不会变化，不会调整，就会像一个皮球一样，一直向山下滚。但实际上，生活中有许多变量，皮球下山的逻辑并不适用于生活本身。

5. 前提缺陷

有没有人对你这样说过："你是学生，要好好学习，先别管别的。"

过几年又有人跟你说："你二十多岁了，最重要的是抓紧时间找个对象，先别管别的。"

再过几年，又有人跟你说："你三十好几了，还不赶紧生个孩子，先别管别的。"

这些话听起来都挺有道理，但其实都有逻辑错误，其错误就是它的前提。这几句话都是先有结论，比如先把你定义为一个学生，由此自然得出你要好好学习；等你到二三十岁时，又根据对方想要得出的结论，赋予你一个身份。但是，你同时还有其他身份，对方却不提，只是用一个错误或片面的前提，将你给套住了。

逻辑学是个很有趣的学科，可以帮助我们发现很多思维盲区。在生活和工作中，懂一些逻辑学，对于我们沟通、对话、写作、演讲等都非常有好处。逻辑思维不完全是天赋，是可以练习出来的，只要我们平时多注意观察身边的人，和身边的人多沟通，或者通过各种视频、音频节目，寻找对方话语中的逻辑问题，并练习将其改正，就可以慢慢锻炼和提升自己的逻辑思维能力和语言表达能力。

对人的认知能力：洞察对方与组织形态

有人说，沟通对话就应该以我为主，我有什么要求，直接跟对方讲清楚就行了。

我想告诉你的是，这种沟通方式并没有找到关键性沟通的法门。任何沟通和对话面对的都不是没有生命的物体，而是一个个活生生的人，他们有各自不同的性格、背景、当时的状态等，我们不可能用一个方式有效解决所有沟通问题。面对不同的沟通对象，我们必须具备一定的认知能力和洞察能力，这是所有互动性活动的必要步骤，也是沟通对话可以顺利进行的必要步骤。就像古代小说中对战的双方，第一次见面都会要求对方通报姓名一样，我要先知道对方是谁，才能有针对性地进行沟通和对话。

洞察对方的能力

沟通对话是利益交换、满足需求的过程，在任何沟通对话中，我们都要将目标确定在需求上。双方的需求都满足了，沟通就成功了，甚至还可以创造出一定的价值。

所以，认知对手、识别对手的最终目的都是发现他们的需求，并且通过一定的利益调整，以满足对方需求的方式来满足我们自己的需求。这就要求我们在关键性沟通中，善于关掉自己向内感知的雷达系统，努力感知对方传达出来的各种信息，围绕对方的需求做工作。

1. 弄清对方的需求

在沟通过程中，无论对方是代表自己还是代表他人，其需求都会遵循马斯洛需求理论（见图2-4）。

马斯洛是研究人类动机理论的大师，他总结认为，人有五个层次的需求，由低到高分别为生理需求、安全需求、社交需求、尊重需求和自我实现需求。在基本需求获得满足后，人对高一些的需求就会越来越强烈，但并非所有低层次需求都完全获得满足后，才会有高的需求。

人在不同阶段，对需求的强度要求也是不同的。一个温饱都成问题的人，当然会有强烈的生理需求，即不再挨饿受冻，但同时还有安全需求、社交需求、尊重需求等，只是没那么强烈而已。

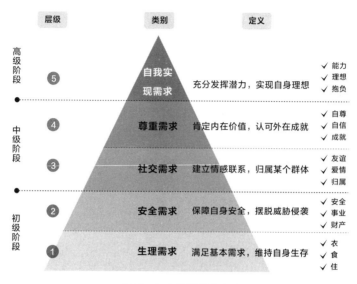

层级	类别	定义	

高级阶段

⑤ 自我实现需求　充分发挥潜力，实现自身理想
　✓ 能力
　✓ 理想
　✓ 抱负

中级阶段

④ 尊重需求　肯定内在价值，认可外在成就
　✓ 自尊
　✓ 自信
　✓ 成就

③ 社交需求　建立情感联系，归属某个群体
　✓ 友谊
　✓ 爱情
　✓ 归属

初级阶段

② 安全需求　保障自身安全，摆脱威胁侵袭
　✓ 安全
　✓ 事业
　✓ 财产

① 生理需求　满足基本需求，维持自身生存
　✓ 衣
　✓ 食
　✓ 住

图 2-4　马斯洛需求理论

　　所以在沟通中，我们既要明确自己的需求，也要明确对方的需求。不同的沟通内容往往有着不同的需求主题，比如，跟老板请病假，就是在沟通生理需求；要拆一个人的房子，就要与他沟通安全需求；跟朋友聊天，沟通就是社交需求。处在沟通中的任何人都会有被尊重的需求，但凡一方感到不被尊重，沟通就很难进行下去。

　　大多数沟通都是没有强制力的，除非对方愿意，否则我们无法强迫对方接受我们的观点。让对方同意一件事也不是靠压力，最重要的是靠对方的自驱力。如果我们发现对方的需求，并以对方的自驱力为引导，沟通和说服就会变得很容易。

假如你的教学小组接到了学校的一项作业，要求写一份调研报告。你是小组长，自然想把这项作业做好，但你的组员都不太积极，这时你怎么才能调动组员的积极性呢？

首先，你要弄清每个组员的具体需求，再衡量一下自己是否能满足他们的需求，让他们主动承担起一部分工作。比如，你发现小组中的 A 需要一个高分，才能让成绩单看起来更好看，那么你跟 A 沟通的就是如何把这个作业做好，拿到高分。A 可能原本没觉得这是个能拿高分的科目，一听你的想法，觉得这是个好机会，于是就会积极地配合你。

同样，你发现小组中的 B 正在投简历找工作，但缺少社会实践项目，于是，你就可以和 B 沟通，让 B 来负责这个调研报告的调查部分，甚至可以考虑将 B 列为调研报告的第一作者，满足他投简历找工作的需求。

你发现组员 C 正在谈恋爱，没心思搞这个调研，这时你可以考虑一下，能不能让 C 的恋人加入你们小组，或者有些调查事项安排 C 到他恋人所在的地方去开展，为他们创造在项目中多多互动的机会。

人都是有需求的，只要能洞察和识别出对方的需求，并试着去满足，就能调动对方的自驱力，让对方的自驱力引领着他去获得需求满足的奖励。这个顺序归纳一下就是：**识别需**

求—设置奖励—激发自驱力。

需要注意的是，有些人会从相反的方向利用需求理论，即在沟通对话中，忽略对方的生理需求，疲劳作战，想让对方在疲劳中尽快妥协。还有所谓的攻击性谈判，即用不尊重人的方式沟通，通过否定对方的尊重需求，给对方造成心理压力，从而让对方做出让步。这些反向利用需求理论的方式都是沟通中的阴招和坏招，是我们不提倡的。哪怕这些方式可能会达成我们的目的，但从关键性沟通的角度来说，它会对关系造成很大伤害，而关系本身也是利益，损害关系就是在损害利益，这与我们所讲的关键性沟通的原则是相悖的。

2. 识别对方的信息

很多人都玩过扑克牌或麻将牌，在打牌时，如果能分析出对方手中的牌，我们的赢面就会增加很多。沟通也是如此，尤其在一些关键性沟通和谈判过程中，对方手里有什么牌，这是非常关键的信息，我们知道得越多越好。

要识别对方信息，首先我们要学会给对方画像。为了便于理解，我们以动物来做比喻，分析如何给对方画像。在分析时，可以从下面三个问题入手。

第一个问题：对方的体量与我们对比如何？

假如对方是一个大型企业，我们是一家很小的公司，或者就是一个人，那么我们与对方沟通时就是老鼠遇到了大象，彼此的体量差距很大。当然，有时大家的体量可能差不多，比如一匹马遇到一头牛。所以，在给对方画像时，对于彼此的体量我们要做到心中有数。

第二个问题：对方吃肉还是吃草？

我们知道，肉食动物往往比较凶猛，这代表了对方是强悍进攻型的沟通者；草食动物比较温润，代表了对方相对比较温和。

第三个问题：我们在对方眼里是什么动物？

我们对自己的评估，与对方对我们的评估常常是不同的。比如，在一些特殊场景下，我们自我感觉是大象，但对方可能觉得我们就是一只绵羊，这时可能对方已经抓住了我们的软肋，认为我们不堪一击。

为了清晰地给自己的沟通对象画像，我们可以用**四种动物画像工具**来回答下面四个问题，即：

- 你觉得对方是什么动物（大型／小型，肉食／草食）？
- 对方觉得自己是什么动物？
- 你是什么动物？
- 你在对方眼里是什么动物？

举个例子，假设我们是一家创业公司，要和一个大厂谈收购，对方风格强势，我们的风格比较温和。但如果我们不把公司卖给对方，而是卖给对方的竞争对手，这个大厂就会失去先机。这时，我们就可以这样回答上面四个问题：

- 你觉得对方是什么动物？鲸（对方很大，但是对我们的制约有限）。
- 对方觉得自己是什么动物？狮子（对方感觉自己强势有力，无往不胜）。
- 你是什么动物？马（温和，但有力量，善于奔跑）。
- 你在对方眼里是什么动物？山羊（小而温和，但有棱角，不像绵羊那样软弱）。

有了这样的画像，我们再跟对方接触时，就会观察到很多以前不曾注意的东西，比如对方特别强势无礼，我们就知道，原来对方想象的和我们的对话方式就像狮子与山羊的对话。而几轮交锋后，对方发现，我们根本不是山羊，而是一匹好马，这时他就会改用狮子与马的对话方式来跟我们沟通。虽然双方的差距在缩小，但此时他对我们仍然有威胁。继续沟通下去，对方最终明白，其实他自己是一头鲸，这时沟通就快有结果了，因为鲸与马谁也不能威胁谁，必须互相合作，才能实现优势互补。

对双方进行动物画像后，接下来我们就要梳理一下信息，弄清对方都知道了哪些事。比如，在企业并购中，我们公司的股东情况、注册资本、办公地址等公开信息，这些即使不说，对方也会知道；另外，还有一些信息对方也可能了解，比如公司曾涉及的诉讼和执行案子等。

但是，有些信息是对方不知道的，这类信息一般分为两类：一类是我们准备告诉对方的，另一类是我们打算向对方保密的。比如，我们正在找工作，还计划两年后出国留学，我们申请的公司一般是支持员工出国留学的，这时若对方问起，我们就可以如实告知。这就是我们准备告诉对方的。再比如，我们虽然正在 A 公司面试，但其实更想拿到 B 公司的职位，如果被 B 公司录用，我们肯定会马上过去。这时，我们应该不会把这个消息告知 A 公司。

我这里有一个已知未知工具表（如表 2-1 所示）：

表 2-1　已知未知工具表

在对话中		信息内容
对方已知道的		
对方可能知道的		
对方不知道的	a.可以说的	
	b.保密的	

有了这个工具表，我们就能在信息使用和交换方面做文章。比如，对方已经知道的信息，我们可以大大方方地准备一份，提交给对方。这样虽然没有增加对方的信息优势，却显得我们很有诚意。有些对方可能知道的信息，我们通过调查发现

他不知道，也可以主动提供。对于对方不知道的信息，但我们可以说的，就可以用来交换对方的信息，甚至可以以此进行利益交换和让步交换。

与此同时，我们还要有预案，即万一对方知道了我们需要保密的信息，我们该怎么办？这些最好都提前准备好，有备无患。

3. 观察对方的文化因素

有人认为，只有在跟外国人沟通或谈判时才会涉及文化因素，或者才有文化差异导致的沟通盲点。

其实，所有沟通都会涉及文化因素。文化不仅仅是跨国的差异，也存在代际差异，即两代人甚至年龄差很多的人之间都会有文化差异。比如，学法律的和学商业的就有文化差异，自由职业者和大厂里的经理也有文化差异，租房的小白领和房东大姐也会有文化差异。

在一些简单的沟通场景中，文化差异可能不占主导因素，但在复杂的关键性沟通场景中，文化差异就像是一片雨雾，可以让本来就看不清的局面变得更加模糊和复杂。

多年前曾有个年轻的体育记者去采访一位资深的教练员，记者问道："您作为一位骨灰级教练，如何看待现在的运动发展方向？"教练听后很生气，因为他认为"骨灰级"这个词是对他年龄大的一种侮辱，类似于行将就木的意思。后来经过多方解释，误会才被消除。

这就是两代人之间的文化差异。记者想当然地用了一个电玩界形容资深玩家的词来形容教练员，殊不知教练员完全没有接触过这个领域，也不理解这个词的具体含义。

这就说明，对于不同的文化背景和文化差异，如果掌握不好，就无法全面识别对方，也很容易在无意中冒犯对方，引起对方的不满。

为了更好地观察到对方的文化因素，我给大家准备了**几把文化倾向的标尺**，标尺的两端分别代表一个问题中两个相反的典型情况。借由这些标尺，你可以将对方的文化情况标记出来，从而得到对方的文化画像。

守时——————————不守时

这是用标尺标记对方的守时情况。标尺的左端是严格守时，右端是严重不守时，你可以为对方标记一下。如果对方是一位一丝不苟的工程师，他的标记可能会非常偏左；如果对方是一位退休多年的老大爷，他的标记可能就会相对偏右。

规则——————————不讲规则

这是用标尺标记对方的守规则状况。有些人非常讲规则，也会尽量按规则办事；有些人可能不怎么讲规则，只要有机会，就忽略规则甚至违反规则。当然，这些只是文化描述，并不是价值判断，更不算道德判断。

直接  含蓄

这个标尺是用来标记沟通表达时的说话方式。有的人表达时非常直接，好处是效率高，但说的话可能不那么中听；有的人说话很含蓄，感觉挺温和，但也可能绕来绕去说不到重点。

夸大  谦虚

这个标尺也是用来标记对方的表达方式的。有些人说话喜欢夸大其词，说什么都先加个重磅叹号；有些人则谦虚低调，有十也只说五。

个人  集体

这是用来标记对方说话或做事时的风格的。不同文化背景的人，对于个人作用和集体作用的强调程度也不同，有的人喜欢单打独斗，个人英雄主义强烈；有的人则喜欢团队作战，崇尚集体主义。

以上这些标尺，就是标记对方文化特征的一些观察角度。

当然，这些标尺并不是全部，我们也可以根据实际情况不断增加或拓展自己的文化标尺工具。

需要注意的是，同一个沟通对象，在不同场景下，可能会有不同的文化反映，根据场合、对象、具体沟通的事情等，其文化表现也可能会有所不同。所以，以上标尺都要放在具体的沟通场景中去运用，而不是大而化之地直接给对方贴标签。

对组织形态的识别能力

什么是组织?

简单来说，两个以上的人组成的团体就可以称为一个组织。比如我们开了一家民宿，入住的可能是个旅行团，可能是一个公司来团建的部门，也可能是一对情侣。这三种客人都是组织。作为民宿的经营者，我们也在与组织打交道、做生意。

无论对方的组织是什么形态，如企业、机关、学校、社团，甚至是一家人，我们都会有这样一种感觉，就是和组织沟通时经常找不到人。和其中的一个人说完，之后就没了下文；和另一个人说完，他又表示做不了主，甚至出现谁都不管的情况。有些年轻朋友也曾跟我吐槽与某些大公司合作的经历，最后无奈地表示，感觉对方公司管理特别混乱，完全不知道该跟谁沟通才有效果。

其实，根本的问题并不是对方公司管理混乱，而是我们没有掌握分析一个组织机构的方法，比如组织形态、决策流程、利益和需求等，这一切都不如与个人沟通时那么容易发现。所以，面对组织或机构时，如果我们缺乏识别的工具，不知如何获取关键信息，对话时就会感觉很吃力，或者总被对方牵着鼻子走。

1. 组织的基本特征

每一种组织都有属于自己的特征，这些特征是自然人所不具备的。要观察和了解一个组织，我们就要从这些特征入手。

以上文所说入住民宿的旅行团、公司团建部门和一对情侣为例，我们来看看不同的组织都有哪些不同的特征。

首先，我们要看组织的目标。

每个入住民宿的组织，都有一个清晰的短期目标：希望将自己预定的行程顺利完成。但是，长期目标却各不相同，比如旅行团通常没有长期目标，旅行结束后就解散了；一个公司或公司的一个部门一定有相对长期的目标，就是取得市场竞争优势，将自己的公司或团队做强做大；一对情侣也有长期目标，就是希望增进感情，长期生活，但也可能在此次旅行中因为某些事情吵翻，回去就分手了，因此他们的长期目标就不及企业那么稳定。

其次，我们要看组织的结合方式和管理结构。

旅行团是因为大家有共同的旅行目的地而结合在一起的，这是一种特殊的诉求或兴趣，所以这个组织的管理结构非常松散，大家各行其是，导游也只负责每天带着大家到处游玩。

公司是因为要共同创造经济价值而结合在一起，所以它的结构很紧密，既有领导，又有规则纪律。即使是在旅行过程中，公司的各种制度、文化、人际关系等也依然存在于这个团体中。

情侣是靠感情结合在一起的，也是紧密的组织。

通过对上面三个组织的分析可以看到，组织的结合方式在一定程度上决定了组织的管理结构，也决定了组织的边界是否清晰。比如一对情侣的边界就是两个人，如果再加入一个朋友，这个组织就变成了朋友结伴旅行，只不过其中有一对情侣。

同时，这些组织都掌握了一些资源。资源分对外资源和对内资源，对外资源就是这几个入住民宿的组织都有钱，这是经济资源；旅行社或导游还可能对民宿具有议价能力，情侣或旅行达人还可能会拍摄视频来评价民宿，由此影响民宿的口碑。这些都是组织的对外资源，并且这些对外资源还可能影响你与组织的关系。换句话说，对外资源就是我们主要能加以利用的。

对内资源主要是对组织内部来说的，比如旅行团会由导游来决定行程安排，这是一种比较浅的资源；情侣之间可以相互影响，这是一种比较深的资源；公司的对内资源最多，有纪律、奖惩和人事权，甚至有将人开除出组织的权力等。

以上这些都是组织所具备的特征。如果用**组织画像清单**来为组织画像，就可以这样列举特征（见表2-2）：

表2-2　组织画像清单

目标	短期□　　　　长期□	
结合方式	经济□　　血缘/亲缘□ 专门诉求□	
边界	清晰□　　　　变动□	
掌握资源	对外资源	经济能力□　政治能力□ 影响力□
	对内资源	奖惩能力□ 开除成员能力□

　　我们可以在对应选项上打钩，用这个清单来描述组织的样貌。别看这个工具简单，它在很多地方都可以运用。打上钩后，我们就能清晰地知道自己面对的是一个什么样的组织，以及这个组织具有哪些形态特征了。

2. 识别组织内部的决策情况

　　在讲律师谈判的课程时，我把这一讲称为"Who Decides What"，意思是说，在一个组织中，你要搞清楚：谁决定了什么事。

　　这是一个复杂的问题，但很多人总把组织的决策过程想得过于简单，就像我们小时候看历史，总是不理解为什么皇帝说了不算一样。既然皇帝可以杀人，哪个宰相、哪个大臣不听话，直接杀了不就好了？现在看来，这个想法很幼稚，但是面对现实生活中的组织时，我们仍然会陷入这种幼稚的想法之中。

要弄清"who decides what"这个问题，我们需要从纵向和横向两个视角去观察。其中，纵向就是组织的层级结构，横向则是组织的部门结构。要与一个组织进行对话，首先要从该组织派来跟你沟通的那个人入手。

假如你是一个做设计的创业公司，要给一个大公司设计公司标识，对方公司派来一个市场部经理跟你沟通。这时，我们就可以从这个市场部经理开始分析对方的组织决策结构，找到对方组织结构的启动按钮。

首先，从纵向观察，你可以观察一下对方的上级是谁。一般来说，市场部经理的上级是市场部总监，再向上可能还有管理市场的副总裁、公司总裁。而对方的下级可能是市场部助理。

弄清纵向结构后，我们可以思考一下：对方公司与我们签约的决定权在谁手里？通过沟通，我们发现，这位经理虽然负责跟我们谈判，但决定不了最终的签约问题。真正能决定签约的人，可能就是市场部总监或副总裁。

接下来，再从横向观察，市场部经理每次跟我们见面时都会带着公关部的一位同事，有时还要跟产品部门、财务部门的人进行沟通。任何一个组织内部的各部门之间都有着千丝万缕的关系，有些部门是合作的，比如日化公司要打造一款新的洗发水，就需要研发部门与销售部门进行合作；有些部门是起监督作用的，比如财务部门就要监督每一笔花费的去向；还有些部门是反对的，比如公司另一条做沐浴露的生产线，可能就反对新推出的洗发水，认为这些资源应该投到沐浴露生产线上。

弄清纵向和横向两条线后，我们就可以画出一横一纵两条线。其中，纵线代表层级，横线代表部门，交叉点就是跟我们沟通的那个人。在这个**十字分析工具**（如图 2-5 所示）上，纵线和横线的交叉点越高，说明跟我们直接沟通的这个人级别越高；反之，级别就越低。同样，纵线越长，说明对方公司的层级越多，一件事的审批流程就可能越长；横线越长，则说明这件事涉及的部门越多，一件事的跨部门协同就越重要。我们可以把与这件事有关的直接相关部门写在离交叉点较近的位置，而将间接相关或起辅助作用的部门写在离交叉点较远的位置；也可以将基本态度是促成这件事的部门写在横线之上，把反对和掣肘的部门写在横线以下。这样一来，我们就能更加清楚直观地看到，在这件事中哪些是支持力量，哪些是阻碍力量。

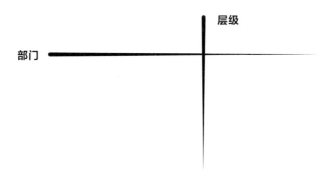

图2-5 十字分析工具

有了这个十字分析工具，我们就可以弄清与我们直接沟通的人是不是能够决策的核心人物，或者是接近核心的人物了，同时也可以弄清我们与对方的合作审批流程是不是很长、需要协调的部门是不是很多，等等。在找到组织的核心部门和核心决策人之后，我们还要观察一点，就是这个项目的决策者是一人还是多人。不同组织机构的决策风格也是不同的，找到了决策者，还要想办法洞悉对方组织的决策风格，这样才有可能达成最终的合作。

3. 不同组织机构的决策风格

识别组织机构的决策风格，也是我们识别一个组织的重要一环。有些组织是老板或高级领导者有绝对决策权，其他人都是经理人。这是典型的资本式管理，谁出钱谁就是股东，谁就说了算。

还有些组织，老板只提供战略方向和精神指引，其他人在这一前提下尽情地去发挥和运营。这种组织被称为教主型组织，即上面有个教主，大家服从他的管理，但教主自己并不管下面具体的事务，具体事务都由公司的中高层管理者负责推动。

还有一种官僚型组织，它就像古代的官场一样，大部分人面对工作时都是不求有功、但求无过，只要保住自己的职位，到了资历顺利升官，到了年龄安全退休就行。这种组织里互相推诿的现象最多，都不想承担责任，也不愿意主动拓展。

弄清了对方组织的决策风格后，我们就可以把这些风格标注在十字分析工具上，我们了解和识别该组织的形态便又多了一个维度。

4. 组织利益与个人利益

关键性沟通的核心是利益，发现了利益，找到了需求，就可以通过利益交换来满足双方的需求，从而使沟通成功。如果沟通的对象为个人，利益会比较清晰，但如果沟通对象是组织，我们首要考虑的就应该是组织的利益。虽然组织也是由人代表的，但代表组织的这个人的个人利益却不一定等同于组织的利益。

一般来说，个人利益与组织利益不同有三种情况。

第一种情况，组织利益与个人利益大体一致。比如，一个公司的采购经理来跟我们谈一笔业务，要购买50台笔记本电脑，那么他个人的目标就是维护公司的利益，把这批货物用最小的资源和最低的成本拿到手。这时，个人利益与组织利益就是相同的。

第二种情况，组织利益与个人利益有重合，但也有不一致。比如，这个采购经理为了公司利益正准备跟我们谈判，忽然他家里有事来不了了，他只能在当地找一家供应商，价格虽然比从我们这里购买要高，但他不需要出差就能把合同签了。这时，他仍然在为组织办事，只是由于个人利益，他没有将组织利益最大化。

第三种情况，组织利益与个人利益相矛盾。采购经理接到公司采购电脑的任务后，发现自己的亲戚刚好是卖电脑的，于是就跟亲戚里应外合，故意把售价抬高，让亲戚多赚钱，他自己也从中拿了一定的回扣。在这种情况下，个人利益就完全与组织利益相悖，并且还严重违反了公司规定，甚至可能涉嫌违法。

　　面对这三种不同的情况，我们首先要识别个人与组织之间利益的异同，在了解组织利益的基础之上，再去判断能否满足或在多大程度上满足对方所代表的个人利益。如果对方个人只是需要尊重、需要面子，那是比较容易满足的，但如果涉及金钱或其他资源，我们就要慎重考虑其中的合规问题、道德问题等因素了。

交换和创造价值能力：好价钱到底是怎么谈出来的

沟通中交换和创造价值的能力，主要与营销能力有关。有些人可能觉得：我又不需要做推销、卖保险，具备这个能力有什么用呢？在沟通或谈判中，我直接把自己的想法一五一十地说出来不就行了吗？

我以前也有过这样的想法。尤其作为一个从事法律工作的人，我更喜欢用法律的概念和逻辑来说清楚事情，缺乏营销观念。但后来我慢慢发现，在很多沟通场景中，想要找到正确的方法、应用正确的行为，就必须具备一定的经济学和营销学知识，这些知识对于我们提升自己的沟通对话能力起着十分关键的作用，同时又可以防止沟通对手将我们引入某种圈套或陷阱之中。

当然，关键性沟通最终是要寻找双方的需求，并通过利益调整让双方的需求都得到满足。在这个过程中，如果我们用话术、圈套、陷阱去欺骗对方，哪怕对方当时没明白过来，过后一旦想明白了，与我们的合作和交易也就到头了。

除了金钱，还有一个很重要的利益就是关系利益。在沟通谈判中，我们可能凭借自己的营销知识和"聪明才智"拿到了更多的实质利益，但如果我们破坏了彼此间的关系利益，对我们个人与他人的关系、我们的信誉度、说话的诚实度，甚至整个人的美誉度等，都会造成很大的伤害。此后再想寻找合作伙伴，可能就会遇到更多的困难。尤其在一个相对熟悉的环境中，周围人一旦感觉我们的话术套路太多、营销技术太多的话，就会认定我们不够诚实，跟我们合作有风险。

因此，掌握营销学知识是为了在关键性沟通中合理运用，而不是走向一个极端。理解了这个前提后，接下来我们就可以学习一下沟通中需要掌握哪些比较重要的营销学知识了。

沟通中的定位思维

营销学中有一个非常重要的名词——定位，这个词可以称得上是营销学的一个非常重要的支柱。

什么是定位呢？

从营销学上来说，每种产品都有它所属的领域，都要满足消费者的某种需求。让自己的产品在某个领域或某个赛道上满足消费者特定的需求，并且能占据数一数二的位置，这就是我们对产品的定位。

比如我问你，在中国的白酒当中，哪些品牌是数一数二的呢？你可能会回答茅台、五粮液；哪些咖啡品牌是数一数二的呢？你可能会回答星巴克。总之，一说到某种事物，大家能马上想到某个品牌，这就是定位。定位做得好，甚至可以把这个产品品牌变为一类产品的名称，让自己的品牌更加深入人心。做到这一点，产品定位就成功了。

但是，在为产品定位时也要注意一个关键问题，就是定位一定要找准需求。比如，"怕上火喝王老吉""送礼就送脑白金"，这些都是找准了需求的定位，所以才更深入人心。

如果我们为自己定位，也要找准相应的需求。举个例子，如果一个人给自己的定位是做公司并购业务的律师，或者是做国际业务的律师，这样的律师其实有成百上千，那么这个定位就不准确。但如果他说，他参加过一些商事仲裁，是兼跨诉讼和非诉讼律师，这样的人就比较少了；如果他再说，他还参加过外语仲裁庭，甚至是事务所里年青一代中能进行外语仲裁的非诉讼律师，这个定位就更明确了。大家一提到这些事务，第一个想到的人就会是他。

所以，当你成为某个领域中第一个被想起来的人，你对自己的定位就成功了。

将定位的思维方式运用到沟通中，就是如何将自己的想法、观点等说给别人，并且让别人接受。

你和父母准备去三亚旅游，他们平时比较节俭，想在旅游期间入住经济型酒店，但你想让父母住得更好一些，于是订了三亚的亚特兰蒂斯酒店。这时，你再跟父母聊旅游的事时，就可以时不时地说亚特兰蒂斯酒店有多好、多么适合家庭旅游，虽然比较贵，但很超值。慢慢地，当父母再跟你讨论旅游时，也不再直接说旅游地点，而是说等我们入住亚特兰蒂斯之后如何如何了。这个时候，你为亚特兰蒂斯的定位就成功了。

由此可以看出，只有在沟通中做好定位，才能让沟通更加高效，也才更容易让具体的产品、想法、方案等被人接受。当然，要完全做好这些，除了准确定位，还需要用到营销学上一个非常基础的模型。

4P 模型

4P 模型理论产生于美国，是营销学中一个非常基础的模型，也是四个基本营销策略的组合。它的意思是说，想要对一款产品进行完整的市场营销活动，就必须从四个方面同时进行，这四个方面分别为：产品（product）、价格（price）、促销（promotion）、渠道（place）。

1. 产品

产品就是指产品定位，也是指产品的独特卖点。如果我们将自己比作一件产品，来为自己定位，就是如何让自己的想法或方案等被大家接受。

2. 价格

在沟通谈判过程中，价格是个很关键的问题，如何用一个好价钱谈下一笔业务或者实现一次合作，是关键性沟通中要解决的重要问题。

关于价格的沟通，主要涉及谁先开价和怎么开价的问题。沟通中的开价，其实就是提条件，它可能不是一个具体的价格数字。比如，妈妈对孩子说：你期末考试必须6科都考100分，我才会带你去迪士尼玩。这就是一个开价，但孩子不一定直接接受，而是会跟妈妈还价，比如对妈妈说：不行，我只要有一科考到100分，我就想去迪士尼。这时，妈妈也可以继续跟孩子提要求，比如：你至少要有两科考到100分，其他4科还要考95分以上才行。

这就是一个讨价还价的过程。任何关于成交条件的沟通与讨论，都可以被认为是价格讨论。

关于价格的沟通和讨论，我们需要遵循两个原则：第一个原则是，我们要争取拿到开价权。只要你有机会开价，就不要把这项权利拱手让给对方，而是握在自己手里。第二个原则是，我们要先把价格开得高一些，留给对方砍价的余地。心理学上有个名词，叫锚定效应。它的意思是说，人们在对某个人、某件事做出判断时，容易受第一印象或第一信息的支配，或者会将某些特定数值作为起始值。起始值就像沉入海底的锚一样，制约着估测值。

> 一个男生想给女友买个名牌包，就先去柜台打听了一下价格，想等女友生日时买来送给她，当作一个惊喜。可是他到柜台一问，一个包要 5 万元，他立刻大吃一惊：一个包而已，要这么贵吗？虽然他当时就决定不买了，甚至对这个价格嗤之以鼻，但这个包的价格——5 万元，在他心里就锚定了，从此他会认为，这个品牌的包就是这样的价位。

当然，在实际沟通中，如果我们认为对方开出的价格过高，我们也可以进行反锚定。尤其对一些标价不明确的产品，锚定和反锚定的回合非常多。

我小时候喜欢收藏古钱币，经常会到一些地摊上去"淘宝"。有一次，我在一个摊位上看到一枚钱币，卖家称这是北宋的大观通宝，给我报价 400 元。我一听，这个价格我买不起啊，所以就准备离开。老板见状，马上过来问我："你想多少钱买？"这其实就给了我一个反锚定的机会，于是我报价"20 元"。

有句俗话叫"漫天要价，坐地还价"，我跟这个卖钱币的老板之间就是如此，这也是一个锚定与反锚定的过程。但是，在这个过程中我们也要注意几点误区。

首先，不要觉得双方报价的中位数就是合理的。因为如果对方报价太高，就会拉高中位数，导致价格仍然虚高。

其次，有些时候不要拼命抓住开价权，而是让对方去锚定。这种情况比较例外，但你要掌握这个原则。

1912 年，美国的西奥多·罗斯福竞选美国总统时，印刷了 300 万份宣传海报，海报上的照片是一位摄影师以前帮他拍摄的。但是海报印完后，竞选团队才发现，这张照片他们没有版权。如果现在去买，几百万张照片的版权费是一笔很大的数字，但如果不用这张照片，就会浪费前期的制作费用，更重要的是耽误宣传日程。

这时，竞选团队中的一位工作人员就给摄影师打了个电话，告知摄影师说，他拍摄的一张罗斯福的照片被竞选团队选中了，准备用在竞选海报上，当然也有其他几位摄影师的作品被选中。所以，他想问问每位摄影师，包括这位摄影师，都愿意出多少钱，获得让他们的作品登上竞选海报的机会。这位摄影师想了一会儿说："感谢你们给我这个机会，我最多只能出 250 美元。"

本来是应该付给摄影师一大笔钱的事，反而成了摄影师要付给竞选团队 250 美元。之所以出现这样的反转，就在于竞选团队清楚地知道，摄影师对竞选信息知之甚少，因而将锚定机会抛给了摄影师。

有些时候，在信息严重不对称的情况下，对方就会低估自己的报价能力。这时我们将开价权抛给对方，再从对方手里接过来，就会在沟通中占据主导地位。当然，这属于特殊情况，在大多数情况下，我们都应该将开价权掌握在自己手中，开出偏高一些的价格，给对方留下讨价还价的余地，沟通才更容易进行下去。

3. 促销

在关键性沟通中，宣传就是打广告。尤其在一些商务谈判中，第一次见到客户，人家不认识我们，也不了解我们所在的行业，想让对方愿听我们的话、接受我们的条件，我们就要学会宣传自己，比如我们做过哪些项目、得过哪些奖项等，都可以在不经意间表达出来。

除了打广告，宣传还包括利用好周围的资源做公关。我的一个公关公司的朋友曾跟我讲，如果你想让一个女生对你有好感，就在她每天的必经之路上贴满夸奖她的海报，这就是广告，而你拜托她的闺密天天在她耳边说你的好，这就是公关。这个例子生动地说明了广告和公关的不同特点。

需要注意的是，在打广告和公关时，我们一定要留意关键意见领袖（KOL）。先通过恰当的方法去影响关键意见领袖，再通过关键意见领袖去影响其他人，你的宣传和公关就会省力不少。

4. 渠道

营销学中的渠道，是帮助产品或服务从生产者转至消费者，使之被使用或者被消费的一系列相互依赖的组织。放在沟通中指的就是场合，这个场合主要包括时间、地点、沟通双方的状态等。你能找准时机、找准地点，调整好沟通状态，你的想法和方案才更容易被人接受。

以上就是营销学中的4P模型，掌握了这个工具，我们在沟通谈判过程中才更容易抓住主动权，有效地实现价值的交换和创造。

心理账户和损失厌恶

心理账户和损失厌恶是营销学中两个非常有趣也非常有用的概念。要理解这两个概念，我先讲个小故事。

我有一位非常有钱的同学，人也大方，平时喜欢请客，但是每次请客时，他都不喜欢西餐厅那种昂贵的大瓶气泡水。有时没跟餐厅沟通清楚，餐厅给一桌人打开两三瓶气泡水，他就会很沮丧，说花百八十元喝一瓶水，很不值。

他平时的消费水平就很高，请同学朋友吃饭也都是去很好的餐厅，可为什么百八十元的气泡水，他就那么在意呢？

这就是由于每个人都有不同的心理账户，所以也会有不同的记账方式和心理运算规则。比如，我在假期带孩子到北京环球影城玩，连买门票带零食要花不少钱，比带孩子去一般公园花费多得多。如果我认为这是一个家庭消费，就会觉得很贵，但如果我认为自己很久没陪孩子了，现在终于有时间陪孩子出来玩玩，孩子很开心，我就会觉得这个钱花得很值。为什么说孩子的钱最好赚，就是因为商家找准了家长肯为孩子花钱的心理账户，才会轻易地把钱从家长的口袋中划走。

你想给自己换一个好一点的手机，却一直舍不得，但当知道你正在追求的对象的生日愿望就是一个贵手机时，你一下子就给她买了。为什么？不是这个手机的性能或者价值变了，而是它从你不同的心理账户里走了钱。我们和别人沟通时，比如说服别人同意自己的一个观点，或者卖给别人一项服务、一个产品，关键要看从对方的哪个心理账户里走。很多时候不是观点本身，也不是便宜和贵的问题，而是你有没有找准对方的心理账户。

损失厌恶在日常生活中也经常遇到，它是指人们面对同样数量的收益和损失时，往往认为损失更令他们难以忍受。比如，超市给我们发了几张优惠券，我们可能会利用这些优惠券买一些根本没用的东西，这就是因为我们厌恶那几张优惠券用不上的损失。

一些交易性质的沟通中也会存在损失厌恶效应。比如，我们去采购打印机时，卖家答应送墨盒，我们很高兴。但当我们要求卖家一个月内交货时，卖家称时间紧张，成本增加，就不送墨盒了，这时我们就会重新考虑交货时间问题，因为我们厌恶没有了墨盒的损失。简单来说，就是有便宜没占上，心里难受。

　　总而言之，要在沟通中实现价值的交换和创造，掌握一些营销学知识和模型是很有必要的。尤其是针对不同的沟通对象要做好自己的定位，掌握好价格谈判的策略，找准对方的心理账户，以及利用好对方的损失厌恶心理等。同时，我们还要防止对方对我们实施"反策略"，利用我们的心理账户和损失厌恶心理来进行谈判。也就是说，对于营销学中的这些技术，我们要懂，也能用，别人用时我们要能看透、能识破，但不要让自己陷入这些话术或技术中，这个原则一定要记住。

策略和博弈能力：树立起技高一筹的更大格局

在生活中，我们会面临很多博弈，比如买东西、谈合同等。每一次博弈，我们不但要考虑自身所采取的策略，还要考虑对方可能采取的策略。尤其在双方信息不对称，无法完全建立信任的情况下，更需要积极思考如何设计自己的沟通方式，并根据对方的回应来做相应的调整。这种沟通思路就是策略和博弈。

任何复杂的沟通对话，都会有策略和博弈在里面。有些人想要学习博弈论，但打开相关图书一看，很快就被吓退了，因为里面的内容看起来十分高深，想要完全吃透很不容易。但是，策略和博弈的基本思路和应用场景通常并不需要你具备多么精深的造诣，通过一些基础的学习，就能运用博弈的思维去看待一些事情。尤其在沟通对话中，博弈论的思维可以帮我们洞悉自己所处的局面或环境，并采取相应的策略和方法。

博弈论的基础与纳什均衡

想了解博弈论，就要先了解一个思维实验场景——囚徒困境。它的经过是这样的：

> 两个犯罪嫌疑人合伙干了一件坏事，之后同时被抓。警察把两个人分别关在不同的屋子里，防止他们串供，但因为缺乏足够的证据，又不能直接判刑，于是就告诉他们，如果他们两个人选择坦白，互相揭发对方，且证据确凿，每个人将分别被判刑8年；如果有一个人坦白和揭发对方，另一个人沉默，那么坦白者会因为立功而立即被释放，沉默者则会因不合作而被判刑10年；如果两个人都不坦白，也不揭发对方，会因证据不确定，每人各被判刑1年。

在这种情况下，两个嫌疑人就会思考自己到底要不要主动坦白和揭发对方的问题。此时，两个嫌疑人面临的策略基本是一致的：合作和背叛。如果双方合作，都不肯坦白，也不揭发对方，每个人只获刑1年。从整体上来看，这也是最轻的惩罚。但由于双方不能互通信息，也无法互相信任，一旦自己不坦白、不揭发，而对方坦白揭发了，那么自己就会被判刑10年，对方却可以马上回家。在这个风险刺激下，两个嫌疑人最终可能都会选择主动坦白和揭发。

在这个过程中，两个嫌疑人都无法做出从整体上看利益最大的那个选择，这就是他们的困境。而两个人都选择坦白和互相揭发，最终被判刑8年，这一结局就被称为纳什均衡，也叫非合作均衡。换言之，在这种情况下，没有哪个参与者可以"独自行动"（单方面改变决定）而增加收获。

从上面的案例也可以看出，有博弈的地方就会产生策略，策略和博弈是彼此联系在一起的。

博弈论中还有个著名的场景思维实验——大小猪博弈，也叫智猪博弈。实验是这样设计的：

有两头猪，一头大，一头小，当它们站在食槽前时，面前各有一个踏板，只要一踩踏板，食槽里就会出现食物。但问题是，猪踩下踏板后，食物并不会出现在自己的食槽里，而是出现在另一头猪的食槽里。两头猪的食量和进食速度都大不相同，大猪踩踏板，小猪面前出现食物，小猪吃得慢，大猪就可以跑过去把小猪剩下的一半吃掉；如果小猪踩踏板，大猪面前出现食物，等小猪过去，进食速度快的大猪就把食物吃完了，小猪就要挨饿。

那么，在这个场景思维实验中，大猪和小猪要分别采取什么策略才能达到均衡呢？

答案是：小猪选择"搭便车"策略，也就是舒舒服服地等在食槽边，大猪则为了吃点残羹不知疲倦地奔忙于踏板和小猪的食槽之间。因为对小猪而言，踩踏板的结果就是饿肚子，不踩踏板反而能吃上食物；反观大猪，不踩踏板就什么都吃不到，踩踏板还能吃上一半残羹冷炙，相比较之下，踩踏板总比不踩强，所以大猪只能采取这种劣势策略，每次吃一半食物。

实际上，如果两头猪互相信任，可以商量好，你帮我踩，我帮你踩，这样大家都能吃饱。但小猪要防着大猪过来跟自己抢食物，并且只要大猪来抢一次，它们之间脆弱的信任就会被打破。没有信任，二者的意见也就无法达成一致了。

我们常说，世界上没有绝对的信任，只有背叛的收益和信任的价值之间的权衡。这种说法虽然悲观，但也只有认清真相，我们才能更好地创造价值。人们之所以不愿意完全说真话，互相之间不断博弈，有时也是因为真话与利益之间是存在矛盾的。

策略：一套完整的行动方案

有博弈，就有策略，策略也是博弈论中最核心的概念之一。在博弈中，策略指的是参与者在行动之前所准备好的一整套完整的行动方案或行动预案。

从字面意思来看，策略就是谋划和经营的意思，也可以称其为战略和战术的一部分，或者说，它包括了从战略到战术一系列的方法和步骤。比如，要做好一件事，怎样可以让资源投入相对较小，效果呈现相对较大；怎样快速出结果，同时还要根据对方和环境条件的变化做出相应的决定。这些都是策略。

如果从策略角度来看，纳什均衡的意思就是说：你的策略不变时，我的策略就是对我来说最好的策略；同样，我的策略不变时，你的策略也是对你来说最好的策略。双方在对方策略不变时，是没有动力去调整自己的既定策略的。

放在沟通谈判中，谁都不肯让步也是一种均衡，即我们常说的谈判出现了僵局。在彼此都不改变条件的前提下，这种僵局的均衡是无法打破的。虽然均衡是指所有博弈参与者的最优策略组合，但并不意味着均衡就是所有参与者希望得到的最优结果，有时反而可能是双方总体感觉最差的结果。就像在囚徒困境中，双方明明可以各被判刑 1 年，但他们的策略却均衡在各自被判刑 8 年上，很显然，这个均衡对每个人来说都不是最优结果。

在沟通或谈判过程中，如果出现了各方都在使用自保策略，而不是合作策略，那就可能陷入囚徒困境，或者出现"搭便车"策略，自己什么都不做，只等着靠别人，像大小猪博弈那样，最后出现比较差的均衡，或陷入谈判僵局。这时，我们就要检查一下，眼前的博弈条件是不是令大家得出的策略影响了整体利益。

过去的足球比赛，不论是积分制的联赛还是世界杯小组赛，球队赢一场球得 2 分，平一场球得 1 分，输了的得 0 分。后来人们发现，在这种赛制下，小组赛阶段的平局比较多，双方对得 1 分都很满意。平两场就等于赢了一场，因为小组赛中一共就三场比赛，在这种双方有默契的情况下，大家都努力踢成平局。而平局对整个赛事来说是不利的，因为不够激烈，观众更喜欢看你争我夺的比赛。所以这个赛制后来就改了，1994 年的美国世界杯开始借鉴英国联赛的方法，小组赛里胜一场得 3 分。这样一来，球员们争夺胜利的欲望和动力就变强了，观众观看比赛的热情也再次被调动起来。

策略的制定：决策树

在了解了博弈论和策略思维的基础内容后，我们在沟通对话过程中就可以进行策略的设计和制定了。

关于沟通策略的设计和制定，我推荐两个工具。

1.SWOT 分析工具

在任何时候，我们设计和制定的策略都必须基于现实情况进行分析。在沟通对话中，这个分析自然要紧紧围绕沟通内容的核心——利益和需求来进行。同时，我们还要识别对方的能力，明确自己与对方的强弱对比，弄清沟通的难点和障碍在哪里，等等。

弄清了这些信息后，我们就可以运用 SWOT 分析工具来进行策略分析，得出相应的结论。

SWOT 中的四个字母，其实是 strength（优势）、weakness（劣势）、opportunity（机会）和 threat（威胁）四个单词首字母的缩写。在这个分析工具中，优势和劣势是一对指标，指的是自身的情况，从数轴上看，它可以写成从左边 W 到右边 S 的横轴；机会和威胁也是一对指标，可以理解为对方的情况，也可以理解成外部情况、外部威胁，从数轴上看，它可以写成从 T 上升到 O 的纵轴（如图 2-6 所示）。

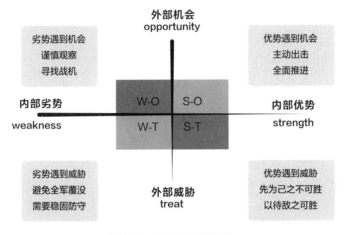

图 2-6 SWOT 分析工具

这样一来，我们就发现，这两对概念出现了四种组合：

S-O：优势遇到机会，可以主动出击，全面推进。

W-O：劣势遇到机会，需要谨慎观察，寻找战机，避免在不对的时机出手。

S-T：优势遇到威胁，需要巩固阵地，高筑墙，广积粮，先为己之不可胜，以待敌之可胜。

W-T：劣势遇到威胁，需要稳固防守，打不赢就跑，避免全军覆没，没有翻盘机会。

如果我们用红军反围剿的战术来说明SWOT分析工具，那就是：

敌进我退：劣势＋威胁（W-T）；

敌退我进：优势＋威胁（S-T）；

敌驻我扰：劣势＋机会（W-O）；

敌疲我打：优势＋机会（S-O）。

这四种组合也可以画成四个象限，可以更加直观地看到SWOT分析结果图景（如图2-7所示）。

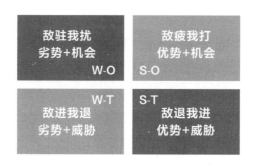

图2-7　SWOT分析四象限策略图

从这个四象限策略图来看，制定策略还有一个要点，就是要分情况讨论清楚，对于各种情况都要有预案、评估和应对措施。用前文我们学过的 MECE 模型来说，就是在制定策略时，对各种情况的评估要做到不重不漏。

2. 对话树工具

对话树本质上也是决策树，原本是用来推导各种情况和制定决策的。我们把它用在关键性沟通中，将其称为对话树。

对话树该怎么画呢？我通过一个例子说明一下。

它首先有个起点，一般是一个提议，比如我们租房子时，可能会向房东提出，对方应该换一套新家具给我们使用。提议提出来后，房东可能会做出三种反应：同意，不同意，以及部分同意部分拒绝。这三种反应就是对话树的三个节点，或者叫三个分叉，分别对应同意、不同意和部分同意部分拒绝。

接下来，在"同意"分叉上会直接得出结果，双方达成一致。

在"不同意"的分叉上，则会再生出一个节点，就是我们的反馈。反馈一般有两种：一种是不谈了，沟通终止；另一种是我们进行反提案，对方不同意换家具，我们就提出至少要把床和沙发换了，这就构成了一个新的提议，并且从这个提议上再次生出不同的节点。

而在"部分同意部分拒绝"的分叉上，也会生出一个节点，即只同意换一部分家具，比如房东只同意更换坏了的衣柜，其他不同意换。这时，我们又会产生两种反馈：一种是同意，达成一致，另一种是拒绝。同时拒绝也会有两种情况：一种是对话直接停止，另一种是提出反提案，如衣柜要换，床和沙发也要换（如图2-8所示）。

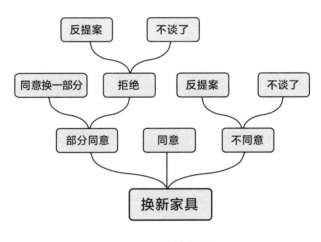

图2-8　对话树分析图

　　从这个对话树分析图可以看出，一个对话树有起点、有节点、有分叉、有结果，直到分叉上的每个问题都达成协议或者终止沟通。有了这个对话树工具，我们就可以对面临的每一个议题做好策略上的准备。在SWOT分析工具的基础上，我们还可以判断对话树上的每个节点应该如何应对，是同意、拒绝，还是部分同意部分拒绝，以及我们的预案是什么，满足什么样的条件可以成交，到什么地步可以终止沟通，等等。具备了这些策略，我们在沟通过程中才可以做到心中有数，并且产生一种技高一筹、胸有大局的感觉。

外交能力：把朋友搞得多多的，把敌人搞得少少的

很多时候，我们认为沟通、交流或谈判只是我们双方的事，我们只需要关注自身能力和对方能力即可。然而，当我们走进一个具体的生活和工作场景中时却发现，很多事情都会涉及第三方。在一些关键性沟通中，也会存在当事双方之外的利益相关者。

比如，在开一个项目会议时，我们就会发现，供应商、业主、自己公司的各个部门等都会参与进来。他们中有的人希望项目进度加快，有的人希望项目质量更好，还有的人希望先明确职责后再开工……在这种纷繁复杂的局面中，我们就必须提升自己对外交往的能力，不但要找到一套有效的思维方法来为这些人归类，划分出哪些是自己的支持者，哪些是自己的反对方，还要通过沟通和对话尽可能地满足多方的需求和利益。

事实上，绝大多数的关键性沟通都会有第三方的存在。要想得到自己满意的结果，我们不但要看到第三方的存在，还要想办法争取到第三方的支持，将第三方的障碍降到最低，这也是我们在关键性沟通中要重点思考和解决的问题。

朋友和敌人

从政治学角度来说，外交是内政的延续，也是通过对外交往来实现利益的过程。外交环境既有我们的朋友，也有我们的敌人，如何区分他们很关键。正如毛主席说过的："谁是我们的敌人？谁是我们的朋友？这个问题是革命的首要问题。"①

那么，朋友和敌人是靠什么来决定的呢？很简单，是靠利益决定的。利益大体一致的就是朋友，利益根本冲突的就是敌人。这是一个基本思路。当然，现实生活是复杂的，很少会出现利益完全一致的朋友，也很少出现利益完全冲突的敌人，大部分人都处于中间某个位置，这就需要我们对其进行更细致的划分。

关于如何划分朋友和敌人，我们可以运用一个基本的人群分析法：三分法。在我们周围的人群中，肯定支持我们的，属于我们的基本盘；肯定反对我们的，是我们的对手基本盘；其

---

① 毛泽东.第一次国内革命战争时期中国社会各阶级的分析（一九二五年十二月一日）[M] // 毛泽东.毛泽东选集：第一卷.2版.北京：人民出版社，2007.

余部分则属于中间盘。

假如你想竞选学生会主席，另一个班的一位同学也想竞选。这时，你所在班里的同学基本都会支持你，另一位同学所在班里的人基本都会支持他，除此之外，还有其他班级同学的意见也很重要。在其他班级中，肯定有人支持你，也有人支持另一位同学，你想要胜出，就可以运用三分法，即**稳固基本盘，尽最大努力争取中间盘，瓦解分化对手基本盘**。在这个过程中，尽最大努力争取中间盘是你工作的重点。

当然，中间盘的利益诉求也是很复杂的，甚至在中间盘内部，不同的人和团体的利益需求也是不一致的。要解决这个问题，就需要我们更加细致地去分析，先将那些容易争取的争取过来，再通过利益交换和调整，争取那些不容易争取的，尽可能得到他们的支持。

比如，你个人比较喜欢各种文体活动，并且在这方面是强项，那么在竞选学生会主席时，那些喜欢文体活动的中间盘就是你容易争取的部分，你可以与合唱团、篮球队的同学搞好关系，或者跟他们聊聊你的想法、计划等，让他们知道你对于组织各种活动的热情和兴趣，并通过他们去影响更多的文体爱好者。而对于那部分难以争取的，你可以通过沟通了解他们的需求，再将他们最希望解决的几件事列一个清单，承诺自己当选后会按照优先顺序逐项帮助他们解决，由此争取到他们的支持。

瓦解分化对手基本盘也不太容易，但如果有好的机会出现，你也可以尝试。比如，对手的班里刚好还有一位同学想竞选学生会主席，这时你不妨鼓励他也出来参选，从而分掉你的对手基本盘的选票。

此外，我们还要时刻稳固好自己的基本盘。要知道，我们盯着对方的基本盘，对方也在盯着我们的基本盘，不要因为过于关注中间盘而忽略了自己的铁杆支持者。

这里需要特别注意的一点是，在日常生活和工作中并没有那么多的敌人，所以不要轻易就把某个人、某群人划为自己的对手。即使是大部分不支持我们的人，也只是中间盘里离我们较远的一些人而已，不要人为地制造对立面，为自己树敌。我们要时刻遵循外交思维，就是把朋友搞得多多的，把敌人搞得少少的。我们真正面对的敌人是需要解决的那个问题，而不是某个人或某群人。就像俗话说的那样：多个朋友多条路，多个敌人多堵墙，我们要多铺路、少搭墙，这样在与别人沟通和推进事情时才会容易得多。

公开和不公开

外交思维告诉我们，在沟通时要时刻考虑第三方。尤其是一些关键性沟通，更要确定第三方是否知晓、知晓多少、是否会支持我们，以及如果不知晓，什么时候可以公开，等等，这些问题都是需要通盘考虑的。即便是国家层面的外交，也是公开外交和闭门外交同时进行。虽然外交工作属于政府工作，讲究原则上公开，但一些外交活动之所以要保密，主要是避免事情还没有办，就反对声四起，结果事情最后办不成。

1971 年，美国前国务卿基辛格访华，就是在保密的情况下进行的。当时，美国为了恢复与中国的外交关系，先通过巴基斯坦总统叶海亚·汗秘密传递消息，后来在 7 月时，基辛格又花了几天时间在越南、泰国、印度转了一圈，之后到达巴基斯坦的伊斯兰堡。为了减少记者对他这趟亚洲之行的兴趣，基辛格还故意把行程安排得很无聊。

7 月 8 日晚上，基辛格在巴基斯坦的欢迎晚宴上故意装作肚子疼，巴基斯坦总统叶海亚·汗就大声说，是天气太热了，他要把基辛格送到自己的别墅里休息几天。这样，基辛格就巧妙地避开了记者对其行踪的追逐，随后一行五人轻装简行，第二天中午便到达了北京，开始了对中国 48 小时的秘密访问。①

这次访问之所以如此保密，是因为双方已经多年没有面对面接触了，完全不知道谈判的结果是什么。如果沟通失败，没有结果，外界也不会知道，但如果全世界都知道了，那么有关国家和势力很可能就会站出来反对，不利于谈判的顺利进行。

---

① 亨利·基辛格.白宫岁月：基辛格回忆录 [M]. 方辉盛，赵仲强，吴继淦，译.上海：上海译文出版社，2016：918-983.

我们日常的沟通和谈判也需要考虑是选择公开的还是私下的。比如,我们想换工作,在未辞职的情况下,我们跟新单位的接触大概率是私下的;大部分的投资并购交易也都是秘密进行的,哪怕涉及上市公司,也会尽量把交易放在会议室内,而不是放在媒体上,目的就是防止竞争对手、供应商、内部员工等反对,导致交易还未成熟,就因反对声音过大而过早夭折了。

当然,有些沟通也是需要公开的,以获得外界的支持。比如一些公共事件,当事人在媒体上发声,就是为了制造舆论,争取公众和舆论的支持。人们对很多事情的态度都会随着宣传而转变,就像你想在学校里搞个活动,开始关注的人不多,你不停地宣传,激发起人们的兴趣,人们就会觉得,这个活动我得去看看。甚至一些原来不太热情的人,也会产生想参与的兴趣。

要注意的是,事情一旦公开,就没办法再转成秘密状态了,接下来我们就要采取积极的策略去应对公开后的事件进展情况,这是一条单行线。所以在公开之前,我们一定要考虑全面,公开的时间、地点等是否合适,是否等事情再向前发展一下再公开。掌握好这个尺度,事情才会沿着我们期望的方向发展。

交友之道

在沟通过程中,通过利益交换和调整可以争取到更多的支持，也可以通过控制信息的公开程度来减少反对的声音，或者争取到舆论的支持。但是，要获得这些支持也不是一蹴而就的，我们需要平时好好经营自己的朋友圈，这样在事情发生时，才有可能获得更多朋友的支持和帮助。

实际上，很多沟通除了对话双方和有利益关系的第三方，与别人是没有太大关系的。旁观者对我们的事情是支持还是反对，很大程度上都取决于对方与我们的关系。在通常情况下，对于朋友的决定我们往往都愿意支持，而对于不喜欢的人的举动，我们往往会不以为然，有时甚至还可能反对。

这就提醒我们，在日常工作和生活中，想要在关键时刻获得更多支持，就要让别人对我们建立起积极、正面的印象。我们可以从三个方面努力做到这一点。

第一，要言而有信，平时做事重承诺，答应的事情要办好。同时，尽量不要评价别人的事，即使评价了，也要尽量站在公允的角度，不刻薄，不偏激。有了这样的形象，在做事时，别人才会认为我们很靠谱，对我们做的事也愿意给予支持。

第二，要心里有他人。别人有困难多帮忙，别人有情绪多理解，尤其是对于一些新加入集体的同学或同事等，多给予照顾，帮他们尽快融入环境，这也是个非常好的交朋友的方法。

第三，要有谦虚开放的心态。对于别人的事情，要以放开的态度倾听，而不是做出一副自己无所不能、无所不懂的样子。如果我们的工作还涉及与不同国家的人交往，更要注意尊重对方的文化传统，在向对方介绍自己国家文化的时候，也要潜移默化地介绍，不要强加于人，更不要有傲慢的态度。

总之，我们经常会在日常交往和沟通中运用到外交学的思维、外交官的做事方式，所以，提升自己的外交能力，不但可以让我们的朋友越来越多、敌人越来越少，对于增强我们的沟通对话成功率也有很大的帮助作用。在必要的时候，我们还可以读一读外交官写的书，看看他们是如何在纷繁复杂的国家政治环境中，推动一场又一场关键性沟通的。

第三章 · · ·

实战场景中的
策略和战法

"工欲善其事，必先利其器。"作为一项社交必备技能，沟通能力并非速成，而是需要持久地学习与修炼，同时还需要在实战场景中运用各种策略和战法，不断磨炼和提升自己的沟通技能。在此过程中，我们既要懂得一些沟通心理学和情绪处理方法，还要掌握一些关键招数，以应对沟通中可能出现的僵局、压力、文化差异，甚至是陷阱和误区等。任何一个关键性沟通的高手，都成于勤于学习、勇于实践、善于总结，只有这样才能在持续修炼中完成从量变到质变的过程。

谈判心理学：别让情绪和表情出卖了你

沟通能力是一项复合能力，不是一招鲜，有时需要弄清对方的真实心理和意图，所以懂一些心理学知识很关键。尤其是在一些关键性沟通谈判中，心理学知识就更加不可或缺了。不过，心理学也不是包治百病的万能药，在学习沟通和谈判的心理学知识时，也需要有恰当的态度。

有些人觉得，心理学就是读心术。其实，沟通中的心理学是为了使沟通不受情绪和心理摆动的干扰，从而更加准确地发现彼此的需求，寻找共同利益。如果想利用心理学中的一些所谓技巧给对方施压，占对方便宜，那就不是好的沟通，即使达成了协议，也没办法执行。

很多人都有过这样的体验：在与他人沟通时，自己心里很紧张，也不知道对方心里是怎么想的，结果，因为找不到合理的解决方案而着急，或者为了尽快结束沟通，就在匆忙中达成一个协议，回去后发现自己并没有沟通好。有时候，双方沟通的气氛有些对抗，彼此不信任，即使有很好的解决方案，也会因为双方都心存疑虑，最后难以达成彼此都满意的协议。

当我们遇到上面这些问题时，就是沟通在心理学层面出了问题，需要我们运用一些心理学知识来应对。

对话中的心态

有些人认为，沟通和谈判就要抱着一定能谈成的决心。我们不能说这种心态不对，但有必要再加上一句话：实在谈不成也没关系。如果没有后半句，我们的沟通和谈判多数会出问题。

假如我们要租房，于是和中介一起去看房子。如果抱着今天一定要租下来的心态去看，多数不会租到特别满意的房子，尤其在中介看出我们心思的情况下。中介行业有个"坏屋—好屋"技巧，意思是说，在带客户看房时，中介会先让客户看几个比较破的，降低客户的预期，然后再带客户看一个稍微好点的，并告诉客户，这是很难找到的好房子，你得赶紧定下来。客户有了前面看到的几处破房子做对比，现在看到一处不错的，可能很快就会敲定。这种做法就是利用了租房者"今天一定要搞定"的心态。

在工作中，如果我们也抱着这种必须成交的心态去沟通和谈判，其实是不理智的。

我在律师培训中经常会使用模拟谈判的练习：先介绍一个交易背景，再给律师同学分组，5~6个人为一组，每组中有卖方也有买方。随后，我会分别告诉他们条件和底牌，但"买卖双方"互相都不知道，然后我给他们几个小时去沟通谈判。但是在谈判之前，我都会告诉他们一点："我要成交。"

这其实就是一个陷阱要求，我要考察一下，哪一组会在这种"必须成交"的心态下放弃太多，牺牲自己的核心利益。幸运的是，这种情况并不多，毕竟大家都是专业律师嘛！经过一番沟通谈判后，如果实在成交不了，大家就会直接汇报说："抱歉，我们没有成交，而且我们认为没有成交对双方都好。"

事实也的确如此。我在刚做律师的前三四年时，曾与一位客户为北京奥运会的一个项目进行了一系列的谈判。这个客户所在的企业是一个家族企业，负责人是一位老先生，他们从20世纪70年代起就从事与奥运会有关的生意，如订购比赛门票，帮客人预订酒店、餐厅、车辆，或者为客人安排参观行程等，然后把这些项目打包组合在一起，销售给想看奥运会的人。我们也可以把这种行为理解为以奥运会为主题的定制旅游活动。

在谈判过程中，由于涉及的问题多而复杂，谈判进展并不顺利，这时我就有些泄气。反倒是客户这边的老先生过来安慰我，说没关系，永远都会有一个还不错的解决方案。我很不解，就问是什么方案，他说："就是不做了啊！"

由此可以看出，真正良好的沟通谈判心态，就是我们常说的那句话："一颗红心，两手准备。"英文也有类似的俗语："hope for the best, but prepare for the worst."我们不需要做一个打了鸡血、头上缠着必胜条幅的沟通者，而应该是一个乐观有耐心的沟通者，是一个坚韧不拔，同时又有智慧的沟通者。

乐观有耐心的对话者

什么是乐观有耐心的对话者呢？

简单来说，这类对话者一般不接受对方提出来的第一个建议，也不会被"坏屋—好屋"战术牵着鼻子走，而是对事态有自己的判断。因为很多沟通谈判都不是一次就能完成的，而是要经过一系列的接触、试探、磨合、建议与反对建议，最终才有可能找到一个彼此都能认同的解决方案。有素养的沟通者一定要充分认识到这一点，不到合适的时机，不讲究毕其功于一役，而要始终保持一个有耐心、有韧劲的态度。这个态度本身就能传递给对方，让对方觉得你是有诚意的，你做的工作是扎实的，你是在努力、认真地寻找解决方法的。

同时，有素养的沟通者对于最终不能成交也有充分的心理准备。在鼓舞自己也鼓舞对方的时候，我们可以说："我们一定要把这件事谈成。"但自己心里清楚，任何事情都有谈不成的可能。即使对方是我们唯一的选择，我们也不能让对方觉察出这一点，否则我们就容易陷入被动。

在沟通谈判过程中，我们要时刻观察自己的情绪和心态。就像前文提到的"肩膀上的小人儿"，这个小人儿应该时刻监控着我们沟通表达时的状态。在这个过程中，有情绪没关系，关键在于不要让情绪操控我们。遇到困难时，心态也不要崩，大不了今天不谈，回去想想，下次再谈。尤其是不要在气氛不好、心态崩溃的情况下，做出攻击对方、恶语相向的举动，这很可能会对沟通谈判造成无法弥补的损失，后期需要花费很多力气才能让谈判重回正轨。

总之，在沟通谈判中树立起一个乐观有耐心的对话者的姿态，肩膀上始终带着一个观察自己也观察对方的"小人儿"，谈话才更容易顺利地进行。

管理好对话者之间的关系

很多人认为，心理学是研究自己内心的学问，其实不然。从心理学角度来说，心理学是一种研究人与人之间关系的学问，而且大部分的心理问题，也都是人际关系的问题。如果把心理学应用到沟通领域来，它就是一种对彼此关系的把握、分析和觉察的能力。

那么，这是不是说明在一些关键性沟通中，彼此间一定要有良好融洽的关系才能进行呢？

并非如此。有些沟通一开始就是对抗性的，甚至是带有敌意的，但我们不能放任沟通在这样一种恶劣的关系中进行，否则沟通很难有成效。我们的目标是：尽量创造融洽的沟通关系，如果不行，也要管理好自己与对话者之间的关系。

在沟通中，最关键的是利益，而不是立场。利益可以分为两类，一类为实质利益，另一类是关系利益。实质利益就是我能从达成的协议里得到什么具体益处，关系利益则是我在沟通过程和结果上与对方建立什么样的关系。在多数情况下，实质利益很重要，但有时关系利益也很重要。我们不能为了关系利益而忽略了实质利益，但在一些特定的场景下，同样不能因为对实质利益的追求而影响了关系利益。

中国人常说"买卖不成情谊在""散买卖不散交情"，这都是在强调关系利益的重要性，也是在强调实质利益与关系利益的平衡性。从直觉上来说，在一段融洽的关系中，沟通双方更容易谈成事情，达成协议；如果关系不好，很多本来容易谈成的事也会变得困难。

那么，如何在沟通中建立起融洽的关系呢？

1. 礼貌和微笑

融洽关系的表面功夫就是礼貌和微笑。双方初次见面时，主动起身，主动握手，主动介绍自己，这是一种礼貌的行为。同时，微笑是一种很有感染力的表情，如果对方带着善意的微笑与我们说话，我们很难不以微笑回应。即使这场沟通很重要，我们内心的压力很大，感到很紧张，在微笑的那一刻，我们也会感觉内心有了一些松弛感。所以，越是在紧张的场合越要微笑，对我们也越有利。

我在一些重要的演讲和发言之前，都会让自己先微笑起来，然后再上台。当我微笑着出现在大家面前时，首先可以给人一个轻松自信的形象，也会潜移默化地影响我与沟通对象之间的关系。

当然，微笑是要练习的，我们不妨对着镜子观察自己的微笑，要让自己的微笑带着真诚、赞许、温暖，而不是冷笑、嘲笑、尴笑。如果把握不好微笑的尺度，我们也可以看一些很搞笑的视频，如脱口秀演出，这时我们常常会跟着大笑起来。大笑之后，笑容收回至将近一半的时候，就是最合适的微笑。而且，笑起来时，呼吸也是在笑着的，呼吸不配合笑容，那笑起来就是皮笑肉不笑了。

2. 寻找共同语言

与沟通对象寻找共同语言，也是建立融洽关系的一种方式。有了共同语言，对方就会觉得彼此是很相似的人，而人们又总是更容易听进去与自己相似的人的话，也更容易接受与自己相似的人的观点。

寻找共同语言的方法有很多，比如寻找与对方相似的爱好、品位、经历等。尤其在多轮接触的沟通谈判中，或者是朋友间的交往，甚至是在男女朋友的恋爱中，这些都可以成为建立融洽关系的基础。

不过，有时即使寻找到了相似点，也不要即刻跟进，只要记住就好。比如我们有一次开会时，对方有一位很重要的负责人迟到了一会儿，她进来后就很抱歉地说："不好意思，早晨家里的猫打翻了一个花瓶，收拾好了才出来。"这时大家都点头微笑，表示没关系，话题到这里就可以结束了，而不是就着这个话题继续跟进，否则就会影响正常的沟通。等到中午一起吃工作餐，大家边吃边聊时，为了拉近关系，可以再跟进之前的话题，如自己家也有猫、您家的猫几岁了、什么颜色的等话题。这样聊几句后，双方的关系就感觉更近了。到下午继续沟通时，即使双方有不同意见，对方也会觉得，作为有共同爱好的人，我们应该是可以解决这个问题的。

你看，当关系融洽时，人们就开始使用"我们"这样的主语，而不是对立的"你"和"我"，要解决的问题也会变成"我们"的问题，而不再是"你"的问题了，这就是关系的影响力。

3. 信任

信任也可以维持融洽的沟通关系。要获得对方的信任，最重要的一点是要自信，如果自己说话闪烁其词、唯唯诺诺，是难以取得对方信任的。

当然，自信的表达需要我们彻底理解正在沟通的这件事。只有把复杂的事情理解了、吃透了，我们才能清晰、准确地表达出来。同时，在表达时还要语速适中、声音偏低，这样更容易建立一个自信的形象。如果讲得太快，别人跟不上，会显得我们很慌乱。而对于声音偏低这一点有一个科学调查，结果显示，人们觉得更低的音色更有权威感。一些女性政治家，如撒切尔夫人，在公开演讲中都会刻意压低自己的声音讲话。

除此之外，要获取对方的信任，还要让自己言而有信。虽然不是每件事都能说，但说出来的内容不能是假话，尤其不能说对方可以验证出来的假话。一旦其中的一方开始讲假话时，整个沟通的氛围就被破坏了。

以上三种方法中，微笑和信任都是可以通过练习提高的，它们与寻找共同语言一起影响着对方的心理，也影响着我们自己的心理状态。因此，这三种方法是沟通中最好用的三个工具。

日常生活对话中的常见误区

良好的沟通不但关系到我们的生活，还与我们的工作息息相关。但是，在日常沟通中，很多人经常会陷入误区，使沟通无法顺利进行。

误区一：零和误区

零和误区的意思是说，沟通双方都相信这场沟通是一个零和游戏，你获得的多了，我获得的就少了。在这一误区的引导下，双方都很难做一个乐观有耐心的对话者。

任何沟通总会存在共同利益来促使双方坐下来对话。即便是在一个有争议需要解决的场景中，比如一方想要10万元的赔偿，而另一方只愿出1万元，也同样有共同利益。双方解决争议的方式可以是金钱，也可以是其他，沟通好了就可以避免诉讼，双方以此为契机还可以建立一种新的关系，也就是都获得了超越实质利益的关系利益。

我们常说，沟通中要多关注怎么做大一个蛋糕，而不是怎么去分现有的小蛋糕。优秀的对话者可以不断运用创造性思维，去寻找更多做大蛋糕的方法。即便在一场沟通中没有找到，也不代表下一场仍然找不到。如果只盯着眼前的小蛋糕，那就是一种典型的零和思维，陷入这种误区，比一场没有找到解决问题的方法的沟通更加糟糕。

误区二：非理性竞争

心理学上有一个著名的实验：100美元拍卖。它的实验过程是这样的：

在某商学院的课堂上，老师拿出一张100美元的纸钞让同学们竞买，规则是：每次出价都以5美元为标准进行升级，出价最高的人最终获得这张纸钞，而出价第二高的人不但什么都得不到，还要把他喊的出价钱数拿出来交给老师。在实际操作中，这张 100 美元的纸钞竞拍价通常都会超过 100 美元，有时甚至接近 1000 美元，原因就是竞标者都不想当第二。这种交易结构设计就非常容易产生非理性的竞争。

这个实验虽然有些不现实，但如果反思一下自己的生活，我们会发现似乎总有这样的思路：来都来了，钱也给了，继续吧！这样的思路通常在于我们常常搞不清楚什么是成本。

成本，并非我们已经花出去的钱，而是我们放弃这件事，去做其他事所获得的利益。比如，我们想学日语，花费几千元报了周末班，但学了两次感觉一般，而朋友组织了周末去登山的活动，刚好与我们的日语课时间重合，我们想去登山，可又舍不得日语课。这时，日语课的成本是什么？是我们花的几千元的报名费吗？并不是，而是我们登山的机会，以及在登山过程中获得的身体锻炼和结交新朋友的机会。如果继续上日语课，不但不会让几千元报名费省下，还会重新制造新的成本，即原本可以快乐登山的机会。

在一场非理性的竞争中，最应该做的就是早收手、早离场，可惜大部分人都做不到这一点。很多对抗性的沟通，如法律争议，都可以体现出这种心态，甚至还会出现以损害对方利益为目的的非理性加码，结果是损人不利己。

这也说明，任何沟通谈判都要有退出策略。一旦一场沟通或谈判的参与者出现了非理性竞争的心理状态，我们就应该及时退出，而不是继续玩这个不会有赢家的游戏。

误区三：自我为中心

在生活和工作中，我们会更理解自己，更肯定自己，而很少能看到他人的努力和善意。比如，如果我们问一对夫妻各自承担了家务的百分之几，等他们各自报一个数后，我们把两个数加一下，多半发现这个数会超过百分之百。这就是因为人们总是高估自己做出的努力。

在沟通时，如果我们做出了让步，也会觉得自己很慷慨；如果对方做出了让步，我们则会觉得，对方是在我们的循循善诱下才让步的，而不会觉得对方也很慷慨。就像美国前总统肯尼迪说的那样，胜利有一千个父母认领，而失败注定是个孤儿。沟通时，如果一方或双方都有这样的心态，沟通就会很困难。过于自信、自负、自我表扬，会在对方心里造成不良影响；对对方的善意视而不见，也会让对方感觉沟通起来很难——明明自己释放了好意，人家还不领情！

以上几种心理误区在沟通对话中都比较常见，不过，它们也不是无法消除。消除心理误区的方法就是换位思考，如果我们能站在对方的立场上看问题，心态就会发生改变。

哲学家约翰·罗尔斯做过一个著名的思想实验，叫作"无知之幕"。它的意思是说，我们不知道自己属于哪一方的时候，去看一件事应该怎么解决、资源应该怎么分配、什么才是公平平等，往往会更加公正。就像我们律师经常说的一个笑话，一个大律师，一走上法庭就慷慨陈词，陈述被告的各种不对，一口气说了十多分钟，这时助理提醒他："我们才是被告！"大律师一听，马上转变态度，开始陈述被告怎么有理。这个大律师大概是深刻理解了"无知之幕"的道理的。

要消除沟通中的心理误区，我们还要把关系放在重要的位置来考虑，并且让理性发挥作用。在沟通前、沟通中乃至沟通后，都要检查一下我们设定的目标是否正确，我们的关系定位是否准确，我们有没有受到非理性因素的影响，是否让情绪主导了沟通，以及是否过于纠结于"分蛋糕"，而没有用创造性的思维考虑更多的可变因素，从而把"蛋糕"做大，等等。

总之，消除误区的有效方式，就是不让自己在时间压力下仓促做出决定，也不要在情绪上来时做出决定。

对话前的准备：成功的对话是周密规划出来的

古语说："凡事预则立，不预则废。"重要的沟通谈判更是如此，做好充分准备是沟通成功的基础，有时还会直接决定一场沟通的成败。

有人说，沟通前我只要自己做好准备就行了，至于对方是不是有准备，我很难了解，也不需要考虑，见招拆招呗！这其实是一种错误的思维方式，最终很可能会把一场完全能打好的歼灭战打成了遭遇战。

也有人说，每次出去谈事情、开会、发言，我也想好好准备，可是不太会准备，不知道从哪些方面入手，也不知道要准备到什么程度才行。

我相信以上问题很多人都遇到过，那么接下来我们就看一下，在信息有限的情况下，怎样筹划一场关键性沟通。

信息收集

要为一次关键性沟通做准备，首先要做的就是收集信息，并且信息收集得越多越好。因为关键性沟通一般都比较复杂，涉及内容很多，涉及的相关方也很多，所以我们收集的信息越多、越详细，沟通就会越顺利。

关于信息收集的方法，我们可以运用前面介绍的金字塔模型进行归纳总结，也可以运用多元思维模型，从不同角度剖析当前的局面，还可以用上镜头切换法，把该看到的都看到，该注意的细节进行放大。

从信息收集的角度来看，一般有下面几种信息需要我们注意。

1. 对手信息

在沟通谈判中，你要跟谁沟通、跟谁谈，对方擅长什么、最近状态如何等，都需要我们知道和了解。就像作家在写作时要时刻想着自己的读者，沟通时也要时刻琢磨着自己的沟通对象。写作时对读者了解得越透，作家就越有可能写出读者需要的文章；同样，沟通时将对方信息了解得越透，就越有可能说出让对方利益和需求得到满足的话来。

老舍先生在创作话剧《茶馆》时说，他非常熟悉《茶馆》中的人物，乃至他都能给这些人物"批八字"，就像"算命先生"一样，说透他们的一生。这个比喻就说明，老舍先生对自己笔下的人物是无比熟悉的。如果我们也能这样透彻地了解自己的沟通对象，那就再好不过了。

举个例子，在面试时，当我们把简历递给面试官后，对方便对我们有了一定的了解。但是，我们却不见得了解对方，对对方的喜好、要求，以及会对我们提出哪些问题等，都不了解，这时我们就会显得很被动。相反，如果获得了面试机会，我们可以提前问问给我们打电话的人事部，给我们面试的人是谁或是什么职位，然后到面试公司的网站上搜索一下，看看能不能找到这个面试官的有关资料，如长相、年龄、经历背景等。有些人的信息很好获得，比如律师事务所的合伙人，其简历都会上传到事务所的网站上。同时，也了解一下即将面试的公司，如企业经营状况、企业口碑等。

除了了解基本信息，对沟通对象的信息还要进行细致研究。对于特定的对象，尤其是上市公司，很多信息都是公开的，特别是过去的交易信息，更要了解清楚。只有提前全面准备，在与对方谈判或交易时，一旦发现有问题，我们才能有的放矢地进行处理。比如，与对方交易后发现问题，我们想要调整价格，而对方不肯接受，这时我们就可以告诉对方：你们在两年前的某次交易中就有过这样的处理方法，现在为什么不能接受呢？当我们把准备工作做到这个程度，对方基本就会配合我们，因为他们知道糊弄不了我们，也就不能再用欺诈等手段来对付我们了。

2. 环境信息

什么是环境信息呢？

举个例子，假设我们去租房，那么一个单间在这个区域能租多少钱？一个两居室在这个区域能租多少钱？这些都是环境信息。只有掌握了附近房子大概的租金，我们才有底气去跟房东谈价钱。

如果是复杂一些的事情，比如收购一家公司，那就必须事先知道，这家公司所在的行业怎么样，它的竞争对手有哪些，竞争对手与这家公司相比具有哪些优势和劣势，这家公司的主要客户是谁、主要供应商是谁，等等，这些信息都要尽量弄清楚。如果连行业和公司的基本情况都没弄清就坐上了谈判桌，那一定无法获得谈判的主导权。

有了以上这些收集而来的信息，我们就可以判断出与自己沟通谈判的对象是强还是弱。这时，我们也可以通过给自己和对方进行"动物画像"，弄清自己在对方眼里是什么角色，对方在我们眼里又是什么角色，之后再去跟对方沟通谈判，就可以做到心中有底了。

3. 请教专家

这里所说的专家，并不是在学术、技艺等方面有专门技能或专业知识全面的人。只要是知道的比我们多的人，我们都可以把他们当成专家来请教。

比如，我们要为一家游戏公司做宣传推广，这时我们就要看看身边有没有在游戏公司工作的朋友。如果有，就可以向他请教一下游戏公司的宣传推广方式、营销逻辑等都是怎么做的。再比如，我们要买一辆车，那就问问有车的朋友，自己看上的那款车有哪些优点、耗油如何。这些能给予我们帮助的人都是专家。

在请教专家时要注意一点，就是不要泄密。比如，我们要替公司租一个酒店场地，准备办一个发布会，但发布会还处于保密之中，这时我们先问了在酒店工作的朋友，关于场地租赁的价格、行情等。同时我们还要考虑到，我们的朋友可能会把这个消息告诉其他人，比如酒店经理，这时，发布会的信息就泄露了，我们再与酒店经理谈价格时，对方就会事先形成与我们谈判的策略，使我们处于被动地位。

所以，咨询专家时一定要注意保密，对于公司信息、项目或产品信息等一些具体问题，能少说就少说。要知道，我们在收集别人的信息时，对方也在收集我们的信息。一旦被对方获取太多关于我们的信息，我们在谈判中的优势地位就可能失去。

确立目标

收集完信息后，接下来就要给沟通对话确立一个目标，这个目标就是我们要在这场沟通中获得哪些利益、满足哪些需求等。同时，我们还要预估一下对方的目标，因为对方在进入这场沟通时，也一定是带着某个目标来的，对方的目标中包含的利益、需求等，我们也要提前进行预估。

在前文叙述利益和需求时，我给大家分享了一个工具，就是需求交换表，其中既包括我们必须达到的需求，也包括对方必须达到的需求。我们就可以利用这个表格来明确双方的目标。

有时，一场沟通的目标比较复杂，可能涉及分阶段、分步骤或进行多轮沟通，这时我们就可以设定一些阶段性的目标。

比如，我们要跟某个客户谈一份投资并购的合同，这几乎是不可能一次谈下来的，此时就可以设定阶段性目标，即中间需要沟通几次，每次需要完成哪些目标，最终要用多长时间把合同谈下来，等等。

一般来说，第一次沟通可以确立双方对于这个交易架构的认可；第二次交换合同文本，双方开始提意见；第三次、第四次就重要问题开始谈判，争取能在四次沟通后将合同文本确定下来。这就是先确定每次沟通的小目标，再一步步完成最后的目标，把整个合同内容都谈好，顺利签订合同。也就是说，沟通谈判的目标可以长短结合，不能一次性谈下来的，就分几个阶段分步完成。

有目标，就会有实现目标的障碍，因为目标并不是每次都能按原计划去实现的。这时我们就需要变通，灵活调整分目标：有时进度快一些，就向前提提；有时遇到困难了，就适当调整一下，从现实出发，先去实现那些容易实现的目标。

有些人可能就此产生一个疑问，即目标达不成时，我们是调整目标，还是直接结束这场沟通呢？

要解决这个问题，我们就要引入一个重要模型——best alternative，直译过来为"最佳替代方案"。它的意思是说，在沟通谈判时，除了要准备一套直接计划来达成目标，我们还要有备选计划。一旦直接计划不能达成目标，就要考虑是否实施备选计划。最佳替代方案就是可以用来评估和对标我们目标的那个选项。

所以，在任何一场关键性沟通和谈判中，我们都要提前想好，如果这次沟通不能实现最终目标，我们的备选计划是什么。这个计划不只是一个备选项，还要是"best"，即最佳备选项。一旦发现双方对直接计划谈不妥，想要终止，放弃原本想要实现的目标时，就拿出这个结果与最佳替代方案比较一下，看看哪一个更符合我们的期待。或者是调整一个比较低的目标，但这个目标与最佳替代方案相比后，对我们来说仍然是有利的，那么就考虑调整目标，继续跟对方沟通；如果调整之后的目标不及最佳替代方案，就可以直接终止沟通。

当然，换个角度来说，对方可能也有自己的最佳替代方案，在沟通谈判过程中，对方也会不断衡量比较。所以，最佳替代方案其实就是沟通双方各自手中的底牌，它也决定了沟通双方的谈判力。如果沟通中的一方有最佳替代方案，即使他（它）的实力看起来偏弱一些，也可以从中获得自己的最佳利益。

关于最佳替代方案还有一个重要的点，就是必须在所有的替代方案中找出那个最佳备选项，来与我们现在要调整的目标进行比较。举个例子，你现在想要辞职，那么辞职后你会有哪些选择呢？哪怕你已经投了一些简历，面试了几家不错的公司，甚至收到了新的工作邀约，也要判断出哪份工作才是你的最佳备选项，然后用这个备选项与现在的工作进行比较。

所以，最佳替代方案是唯一的一个选项，而不是说我们有很多选项。虽然其他选项可能也有价值，但我们无法把这些选项的价值叠加，最终也只能选择一个。既然如此，就肯定要选择价值最高的那一个。

后勤制胜

要准备一场关键性沟通，还要考虑一些后勤问题，毕竟沟通双方都是人，都有各种身体和生活需求，如饮食、睡眠、作息习惯等。古人打仗的时候，常说"兵马未动，粮草先行"，其实说的就是要做好后勤保障。如果把这个概念放在沟通谈判中，尤其是应对一些具有挑战性的沟通或者时间较长的关键性沟通时，也可以看出后勤准备是不是充分。

一般来说，沟通对话前的后勤准备包括下面几种。

1. 场地准备

我们知道，在体育比赛中，主场和客场会有很大区别。在自己熟悉的地方、自己的主场，和去一个自己从来没去过，却是对方熟悉的地方比赛，感觉上的差别是非常大的。

沟通对话也是如此。如果我们能争取到主场，就一定要努力争取；如果没有争取到，要去对方的主场，那么关于对方所在的位置、交通情况、环境情况等，就要尽可能地了解清楚。

还有一种情况，就是在比较中立的地方谈判，既不是我们的地盘，也不是对方的地盘，这些地方包括咖啡厅、餐厅、酒店会议室等。这时，我们就要尽量争取到第一手资料，比如这个场地距离我们有多远、交通是否方便、周围环境如何，甚至夏天有没有空调、冬天有没有暖气这些细节问题，都要事先了解清楚。

2. 座次座位问题

在沟通谈判时，如果我们坐在一张桌子的中间部分，那么全场所有人都能听见我们说话，这时我们就会很自信，也会有一种掌控全场的感觉。但如果我们坐在谈判桌的边角位置，每次说话都要伸着脖子、侧着身子、扯着嗓子，以便大家可以都听见，这时我们的气势就会受到影响。

由此可见，沟通谈判中的位置安排也很重要。一些重要的会议都很讲究座次座位，重要人物的座次座位也都会被安排在重要位置上，给人一种权威感和被重视感。

如果我们可以安排座位，关于座位如何坐就要提前想好；如果不能自己安排，进入会议室或谈判的房间时，别人把我们安排在一个说话不方便的地方或者角落的地方，我们就要主动采取一些调整措施，比如跟大家说："我需要往前坐坐，这样大家才能听到我说话。"或者在说话时主动站起来，跟大家说："为了能让大家听清我的发言，我就站起来讲吧！"这时，不管在哪个位置上，当所有人都坐着，而我们站着说话时，气场和权威感都可以建立起来。

这里还要注意一点，我们的位置无论正好对着窗户，外面的光线总是照我们的眼睛，还是被其他人挡住了，进出很不方便，都属于不利位置。如果有可能，尽量避免这样的座位，或者能调整时就调整一下。如果是安排座位的人故意把我们安排在这里，就要注意对方是不是在有意针对我们了。

3. 时间准备

时间准备也是一个需要考虑的因素，首先，开始沟通是在工作时间还是在休息时间？在这两个时间里，人的心理状态是不同的。比如，我们在周末约人谈一件事，与在工作时间与人谈同一件事，效果和气场就会很不一样。

其次，还要考虑好这是一个简短的沟通，比如一个小时左右就能结束，还是需要历时半天、一天，甚至更长时间。因为人在疲劳、压力的状态下沟通，是很影响谈判效果的，有时沟通谈判时间过长，我们还有可能仓促地做出一些连自己都不认可的决定。要避免这种情况出现，就要在时间方面做好准备。

从后勤角度来说，在时间较长的沟通开始之前，我们还要准备一些食物、水、饮料等可以补充能量的东西，以及药物、纸巾等生活物品。比如，你是个低血糖的人，就要提前备点食物，以免沟通时间过长，无法进食，导致低血糖；你有鼻炎或咽炎，就要备一些对应的药物。

　　总之，不同的人，身体状况不同，需要的东西都要提前准备好。尤其是在紧张和压力的环境下，更要提前列一份需要准备的物品清单，就像我们出差旅行时那样，一样一样把东西准备好。不要让这些小事影响了沟通效率，导致自己输了先机。

亮出关键招数，抢占对话先机

很多人都有这样的体会：一场沟通或谈判即将开始，自己已经有了一些知识和能力上的准备，关于要沟通的内容也有了比较深入的了解，但是，一旦进入开始阶段，看到对面的人就蒙了，完全不知道该怎么开口，也不知道怎么把握进程。糊里糊涂谈完后，对于如何贯彻并执行沟通成果，也没有太好的方法；或者我们觉得已经达成了一些共识和协议，而对方并不这么认为，下次沟通时还在继续谈之前的事情，很多东西无法落地执行。

简单来说，之所以存在这些情况，就是因为不知道整个沟通如何开始、如何推进，结果要如何落实。要解决这些问题，需要我们对整个沟通进程具备强有力的把控能力。只有把控好沟通进程，我们才能将沟通控制在自己的节奏中，才能既引导自己，也能引导对方走出沟通误区，最终达到实现共同利益的目的。这既是一种重要的沟通能力，也是一种重要的领导能力。要达到这种水平，我们就要学会在沟通中抢占先机，从而解决整体的场景识别问题、流程控制问题、多议题处理问题和执行力问题。

场景识别

任何一场沟通在开始时，都一定存在于某个场景之中，这个场景包括地点、人物、时间等因素，这些都会影响我们的沟通和谈判状态。

1. 场地状况

在到达沟通地点，并准备开始沟通之前，我们需要首先仔细观察一下场地大小。一般来说，沟通谈判所在的场地过大或过小都不好。场地太大，说话会有混响，大家坐在里面也没有安全舒适的感觉；场地太小，大家离得太近，说话会很拘束，而且沟通时间较长的话，房间内还容易出现缺氧状况，影响大家的状态。

其次，还要注意场地的私密性问题。如果我们要谈的是一件比较私人或需要保密的事，肯定是不想让旁人听到的，这时咖啡厅、茶座等场所就不合适。我们可以提出换个地方，比如找个包间，或是一个私密性更好的场所，再进行沟通。

在首次跟沟通方见面时，我们如果发现场地不合适，就要及时提出调整要求，并等调整好后再落座，开始沟通。如果沟通进行一段时间后再做这样的场景或布局调整，就会打断正在进行的沟通，而且重新调整后的布局和环境也会让之前的沟通气氛和气场发生变化，很难再接着之前的势头谈下去。

不过，一旦沟通或谈判陷入僵局，没法继续往下谈时，我们就可以利用场景改变重新调整一下布局，比如换个座位或换个地方继续谈，有时反倒可能打破僵局。但从原则上来说，还是要在发现场地不合适的第一时间就提出来。

2. 对手状况

对手就是即将与我们进行沟通的人，对于这些人，我们也要提前有所了解，除非是那种突然开始的谈话，对对方完全不知情。如果对方是一个组织，那么对该组织的情况也要有所了解。这里有一种情况，就是我们知道对方是一个组织，但不知道具体跟我们沟通的人是谁，那么双方见面后，就要有一个相互介绍的环节，以便知道自己接下来到底要跟谁对话。

有些时候，沟通可能比较随意，双方坐下来就能交谈，但如果其中有彼此不太熟悉的人，我们也要先做个调整，请双方先介绍一下今天到场的人，以及每个人都负责什么。我们可以先介绍自己这方的，再请对方介绍，这样显得比较礼貌。在对方介绍自己的人员时，我们也要仔细观察一下，看看对方的主要领导是谁、主要发言人是谁。

此外，在刚开场的沟通中，对方的几句话可能就会体现出他们这次来沟通的基调是什么，比如是带着轻松的情绪来推进这件事的，还是带着怨气和怒气来兴师问罪、追究责任的。如果对方情绪不佳，我们在后面的交谈中也要尽量把一些情绪化的内容从沟通中剔除，让彼此回到对利益的讨论和对需求的满足的沟通进程上来，比如好言劝导对方："我们既然坐下来谈，就是来解决问题的，大家不要这么有情绪。"如果对方得理不饶人，无理搅三分，我们也可以有礼有节地回击。

1991 年，中美两国曾就知识产权问题进行了一场非常著名的谈话。当时，美方代表在谈判一开始就说："我们今天是在和小偷谈话，因为中国企业盗窃了美国很多知识产品。"中方代表是时任对外贸易经济合作部副部长的吴仪，在听到美方的话后，吴仪反驳道："我们今天是在和强盗谈话，你们回去看看自己博物馆里有多少是从我们这里抢走的东西。"

总之，对于这些可能有情绪的开场，我们应将其作为准备方案之一。只有提前有预案、有准备，才能应对沟通谈判中可能出现的意外情况，使沟通顺利推进。

流程控制

在一场关键性沟通中，整个流程安排得是否合理、节奏控制得是否得当，也是决定沟通成败的关键。

在一些专业性的沟通场合，流程本身就是沟通和谈判的内容。具体先谈什么、后谈什么，重点在哪里，这些安排往往在一开始双方就会先较量一番。所以，我们也可以将流程控制看作正式沟通的前哨，对方的沟通风格、策略安排、分工等，从流程中就能看出一些眉目。

在常见的沟通中，一般会有一方作为流程和话题的主导方，我们争取要做的就是这一方。因为将节奏控制权把握在自己手里，总会对全场沟通更有掌控感。不过，主导方不是想当就能当的，具体要看沟通内容本身。比如，在应对一些调查时，无论是投资人派来的尽职调查团队，还是主管机关的调查，如税务稽查，我们都必须按照对方安排的流程走才行。

当然，即使是被动的一方，也不是完全被动的。比如在接受调查时，我们作为被调查的一方，对自己的情况是最了解的。如果投资人派来的尽职调查团队给了我们一个问题清单，让我们逐一回答，我们可以说："我们先不一条条地按照清单作答，而是先把本公司的业务情况做个整体介绍，然后再回答清单上的问题，这样可能会让您理解得更清楚。"这时，我们就获得了一定的主动权。

再比如，面试的时候，我们的简历上有一年的工作经历是空白的，这一年我们刚好在家休息。面试官发现后，可能就会问到这个问题。这时，我们既可以等对方问出来后再回答，也可以一上来进行自我介绍时就说出来，如那年在家学习英语，准备出国，所以简历上那一年的经历是空白的。通常我们主动说出会让这件事显得更自然，比对方问起后再被动地回答更好一些。

多议题处理

关键性沟通涉及的一般都是比较复杂的问题，其中需要商议的点也比较多，这就需要我们在沟通中学会多议题处理。

所谓多议题处理，就是先把沟通中可能涉及的议题都过一遍，先解决容易解决的，留下困难的后解决。有些人爱钻牛角尖，一定要按照问题的先后顺序解决，这就很容易卡在一个地方进行不下去。

这就像我们在考试时，虽然也需要一道题一道题地往下做，但遇到不会做的题时，我们往往会先跳过去，把会做的做完后，再返回来解决前面的难题。沟通也是如此，一旦遇到难题，不要纠结于一两个点而影响了整个沟通进度。那一两个一时解决不了的点，在其他问题都得到妥善解决后，再回来看，也许就会产生新的思路和新的视角。

很多会下围棋的人都明白这样一句话：不会走的地方不走。这个思路就是不知道怎么处理问题时，先放一放，等周围的其他环境、条件、变量等发生变化后，当时不会走的局部就可能出现新的思路。有些时候，原本很困难的局部难题，在周围环境发生变化后，可能就变得不那么重要了，也就是它的价值变小了，这样处理起来也会容易很多。

这里，我向你介绍一个我们在工作中常用的工具，叫"问题清单"。律师在工作中经常会面对很多合同，有些合同内容比较长，几十页、上百页的都有。我们在沟通合同问题时，不可能每一条都要详细沟通，而是把有不同意见的条款单独拎出来沟通。这种单独拎出来的条款放在一起，就形成了一个问题清单（如表3-1所示）。

表 3-1 问题清单结构样式

序号	条款号	原文	甲方	乙方	备注
1	3.1（a）	应在7日内提供……	7日太短，应改为20日	20日太长，会耽误生产周期	乙方与生产部门确认，10日可否

如表3-1所示，第一列为序号，它可以清楚地显示出现在有多少个问题需要通过沟通来解决。

第二列是该条内容在合同中的序号，比如第一个问题是合同的3.1（a），那么它表示的清单序号就是1，合同条款序号就是3.1（a）。

第三列"原文"表示的是3.1（a）这条内容的摘录。

第四列为其中一方的意见，比如甲方意见，认为"7日太短，应改为 20 日"。

第五列为对方意见，比如乙方意见，认为"20 日太长，会耽误生产周期"，或者提出"我们最多放宽到 10 日"等。

第六列是一个备注，就是将其他需要说明的情况或背景等写在其中，或者某一方需要采取的行动，比如乙方提出"我们回去与生产部门确认一下，10 天是否可行"，这就是乙方要采取的行动。

有了这个问题清单，沟通中到底遗留了哪些问题，以及每一方对问题的看法、需要采取的行动等，都会一目了然。我们在合同谈判实务中，也基本是围绕问题清单来谈的，合同本身只在开始和即将结束阶段出现。大家一般是在开始谈判时看一下合同，提出问题，形成问题清单，等问题清单里的内容逐一谈妥后，再回到合同，把沟通好的意见放入合同中，这样合同就接近定稿了。最后剩下的也只是简单的词句调整，那些争议问题已经全部解决。

着眼于执行

在关键性沟通中，随着问题的展开和一个个得到解决，沟通双方逐渐达成共识。此后，我们还要重点关注一个点，就是执行。要知道，无法执行的共识或协议最终是竹篮打水一场空。就像有些条文和规定，初衷是好的，起草技术也是好的，但最终还是无法执行。之所以出现这种情况，要么是条文和现实情况距离太远，不接地气，要么是沟通的一方或多方被激励得不够，缺乏行动动力，或者发现这个博弈机制下有偷懒的方法，于是选择躺平"搭便车"了。

有人可能会说，既然是沟通好的内容，都写成白纸黑字，也签字画押了，不就可以执行了吗？

有白纸黑字的记录自然很重要，但并非根本。很多时候，即使某些事项形成了合同，合同也是可以解除，甚至可以违约的，这样合同就没有被履行。有时候，我们可能还要花费很大力气去追究对方的违约责任。合约或协议可执行的根本在于自愿，其次才是强制，我们不能本末倒置，把强制当成最重要的手段。沟通谈判形成的共识，最好是大家都心甘情愿的，这样才更容易执行。

所以，"上兵伐谋"，最好是让沟通的各方都愿意主动履行合同。如果强制让对方同意，甚至通过哄骗、欺瞒等方法让对方执行，那涉及的不仅仅是道德问题，还会严重伤害双方的利益，是得不偿失的。

白纸黑字不必是合同

关键性沟通的内容最终是要落实到白纸黑字上的，这个"落纸"的过程就是沟通双方认真思考这件事是否可执行的过程。比如，买方答应付给卖方 1000 元，说起来简单，但在落纸时却要想清楚：这笔钱什么时候给；是一次性给，还是分几次给；是先交钱还是先交货；等等。

即使是白纸黑字落在纸上的内容也不一定非得是合同。双方能当面签订合同当然好，因为合同具有法律效力，但不是任何场合都有机会把沟通内容写成合同，让对方签字。比如，我们跟领导谈好了一个给我们加薪晋升的步骤安排，我们就不能拿出一张纸来，让领导把刚才说的写下来，还要领导签字画押；我们和伴侣沟通好了，以后有意见直接表达，不要发脾气或搞冷战，也不可能起草一个合同，签字画押，使之具有法律效力。

有些时候，除了合同需要留下白纸黑字，其他几种方式也能从可执行角度起到约束和备忘的作用。

1. 会议纪要

如果一场沟通是以开会的形式展开的，大家达成了一些共识，虽然没有签订什么合同，我们也可以准备一份会议纪要，把大家的观点总结记录一下，把会后安排的待办事项列清楚，然后分发给参会各方。

如果会议纪要显得过于正式，我们也可以给参会各方发一份总结邮件或信息，在其中表示对各位参会者的感谢，并汇总一下会议解决的几个问题、接下来的待办事项等，最后鼓励参会者将遗留问题尽快解决，期待大家下次再见。这样一份邮件或信息既显得礼貌客气，又把内容进行了总结。如果谁有不同意见，也可以直接提出，大家继续用书面形式进行讨论。

2. 谈话笔记

笔记也是合同之外的一种用白纸黑字记录的形式。一般来说，当大家进行一次重要沟通并达成某些协议时，无论是我们的老板还是跟我们一起创业的朋友，如果我们感觉给对方发一封邮件或一条信息不合适，就可以在沟通结束后做个谈话笔记，笔记中包括沟通的时间、地点、人物，大家在会上说了什么问题，达成了什么协议，有哪些不一致的地方，以及后续需要采取什么行动等。

有人可能不解：自己记录这些有什么用呢？对方也没有认可，没什么法律效力。

自己记录的内容确实没有法律效力，但这却是非常真实的记录。比如，我们的一个投资人在会上说，"明年3月，我们会追加500万元投资，并举办几场新品发布会"。我们就可以把投资人的这些话记录下来。等到来年3月，如果投资人没有如期投资，或表示投资要缓一缓，我们就可以拿出谈话笔记跟对方沟通："去年您说今年3月将追加500万元投资，并举办新品发布会，我都记录下来了，并且按照您的这个提议做了准备，现在是有什么事让您改变主意了吗？"当看到我们的记录，对方如果不是恶意要赖，都是能够认可的，也会愿意与我们就眼前遇到的问题进行进一步的沟通。

在工作中，有时我们要协助客户配合反垄断调查。比如两家互相有竞争关系的公司的业务负责人，曾相互打过一个电话，说明年咱们一起涨价10%，这就是违法行为，属于互相进行价格串通。其中一个负责人打完电话后没有记录，第二年直接就涨价了；第二个负责人打完电话后，则详细地做了一个笔记，内容包括什么时间、自己和谁打了电话、商量了什么事、对方是怎么回应的等。到后期的反垄断调查时，做过记录的负责人就可以说清楚这件事，没做过记录的负责人就会很被动。于是，反垄断机关认为做过记录的人配合调查态度好，而没做记录的人不配合调查。这时，即使没做记录的人争辩说，那份记录是对方写的，自己并没有那样说过，调查机关的人也不会相信，除非他也能拿出一份自己当时记录的、跟对方记得不一样的内容，但他却拿不出来。

所以，不要小看单方面记笔记的作用。俗话说："好脑瓜不如烂笔头。"发生的重要对话随时记录下来，以后一旦用到，你就会发现它能起到很大的作用。

有一次，我跟一位律师前辈聊天，聊到以前一个非常重要的案件。她就跟我说，自己在处理这个案件时遇到了哪些困难，她都是如何处理的，当时有关各方都是什么态度，等等。我觉得这个案件的背景和细节很重要，就跟那位前辈说："您今天讲的内容很有价值，我回去整理一下。"回去后，我马上把沟通的一些细节记了下来。

过了一年多，这位前辈忽然找到我说："当时咱俩聊的那个案子，你能把记下来的内容发给我看看吗？我写文章想用一下。"我马上把自己记录的内容发给她了。

你看，当事人曾经自己回忆的事，仍然要以我记录的内容为准，你还能说笔记不重要吗？

在一些沟通场合，白纸黑字并不是必然的结果，沟通内容或达成的协议也不一定要用合同形式体现出来。会议纪要、谈话笔记，以及沟通后的问候、感谢加总结等，都可以落在纸上。有些沟通内容实在不方便准备合同、备忘或会议纪要，还可以自己做笔记，这些日后都有可能用得上。所以，这些小工具，我们都要习惯在不同的沟通场合里利用起来。

团队沟通:"角色扮演"和"战术配合"

　　沟通对话有时还会涉及团队沟通,但这里说的团队沟通不是指多方沟通,而仍然是指两方的沟通。

　　有人可能会问,自己在团队中并不负责沟通、谈判,那团队沟通就跟自己没关系吧?如果这样想,那就把团队沟通想窄了。举个例子,假如我们和家人一起去看房子,不管是租房还是买房,我们和家人都是一个团队,这时我们就要有明确的目标和明确的分工。再比如,我们对面的工地在施工,总是很吵,我们和邻居一起去找对面工地的施工单位要噪声补偿,这时我们和邻居就是一个团队。所以,团队不仅仅会出现在工作场合,还经常出现在生活的各个场景中,而我们作为其中的一员,团队沟通就与我们有关,我们也需要扮演好自己的角色。

　　还有人认为,自己不是领导,组团这种事跟自己也没什么关系,让我干什么我就干什么。这种想法也片面了。有些时候，我们虽然不是领导，但在团队中也一定有自己的角色，这个角色的功能可大可小，但一定要明确，这样才能做好这个角色该做的事情。再者，领导也是从小职员成长起来的，即使现在我们不是领导，也不表示日后一定不会当领导。既然如此，我们就要在团队中扮演好自己的角色，与团队成员做好战术配合。

团队组织

在生活和工作中，很多沟通需要我们一个人去面对，但也有一些沟通是需要组团进行的。因为这些沟通或者涉及的问题和过程比较复杂，一个人无法独立完成，或者涉及不同的利益，需要相关人员共同组成一个团队去进行沟通谈判。

在组建团队时，我们可能会被给定一个团队，大家共同合作，一起去参与沟通。还有些时候，我们会有选择余地，在一定范围内挑选几个队友参与沟通。但无论是给定的还是能挑选队友的，这个团队都要像一个组织一样，具有明确的角色分工。

一般来说，在一个沟通或谈判的团队中大概有四个功能角色。

1. 决策者
决策者是指制定目标的那个人。比如，沟通最终要达成什么结果、什么时候可以接受对方的条件、什么时候不再沟通等，这些都是决策者要做的事。在沟通中，决策者可以不出现在现场，只需要通过现场反馈的情况做出决定即可。有些时候，决策者不出现，也能避免他受现场气氛和情绪的感染而做出不理性的决定。再者，他不在现场直接答应或拒绝什么条件，也会给沟通继续进行留有一定的余地。

2. 发言人

发言人就是在沟通中与对方交涉的人，他会代表整个团队发言及回应对方。这个人一般要由表达能力突出、反应敏捷的人担任，如果能懂一些心理学知识就更好了。

3. 专家

专家主要负责把控沟通中的专业问题。比如，我们要买房子，其中一位家庭成员已经提前研究了许多户型和位置信息，那么对我们来说，这位成员就是我们这个团队中的专家。

专家有时也可以是外部的，不一定需要在团队中直接参与沟通，但成员可以时时向他请教。

4. 辅助者

辅助者的工作包括收集信息、安排会面、记录对话、编辑文档、翻译内容等。千万别小看了辅助者的角色，他收集信息、文本控制的能力往往可以深度地影响沟通效果。一些年轻人刚进入职场时，经常会在工作场合中作为一个辅助者出现，这个角色就是我们在工作场景中参与关键性沟通的第一个台阶。认真担任好自己的角色，也是我们向上攀登的基础。

作为专业律师，我在跟客户谈合同时，经常是以上四个角色兼而有之。虽然我不是最终决策者，最终决策者是客户，但在重大法律问题上，我却是一名决策者。当我从法律层面上提出不能接受的意见时，客户也会考虑我的意见，所以在谈法律问题时，我也是发言人。同时，在法律和合同问题方面，我是专家，当然我不是唯一的专家，还有财务、商务、技术、产品等各方面的专家。我还是辅助者，需要收集各类信息，了解对方公司情况、对方律师情况等，有时还要把控合同文档，时不时修改一下，给大家一起讨论。在涉及外国人参与的沟通谈判中，我还常常担任翻译。

所以，如果让你来决策，出去与客户沟通或者谈一件事，就要看你一个人能否担任起这四个角色。如果不能担任，就需要组队进行，这时还要想好组成几个人的团队才能覆盖这四个角色。比如，我在20多岁时，经常一个人去跟客户谈判，这几个角色我都能担任，但更偏重于法律专家和辅助者的角色，辅助工作就是改合同、做翻译。后来随着经验的增加，我开始扮演更多的决策者、发言人的角色，这时我就需要一个年轻同事跟着我，帮我承担一些法律专家、辅助者的角色，帮我查查法规、案例，或者起草合同、担任翻译等。

组队进行沟通的目标，就是要让这个小团队具备完善的沟通能力，这些能力包括我们前文提到的表达能力、思维能力、对人和组织的认知能力、创造和交换价值的能力、策划和博弈能力以及外交能力六大能力。有时在面对比较复杂的情况，一个人应付不了时，就可以用组队的方法，将这些能力综合在一起，把团队看成一个人，再做好充分准备，与对方沟通谈判。

准备

在组建好团队后，接下来整个团队就要充分做好沟通前的准备。相对个人来说，由于分工明确，团队成员准备起来会更加容易，但也要注意一点，就是各成员之间一定要互相通气，最好能做到"让大家的信息都集中在一张纸上"。

如果我们是团队领导，在准备过程中，首先要给每个成员做好分工，让大家知道自己的职责是什么，如谁负责在沟通时发言，谁负责收集信息做研究，谁负责控制文本，等等。

有些时候，团队也可能比较松散，比如因为遭受噪声干扰，我们跟邻居一起去寻求噪声赔偿。在这个团队中，我们很难像在工作场景中那样去安排具体谁负责什么事，并且监督他做好。但即使是在这样松散的组织中，大家也要明确几件最基本的事项，例如什么是可以成交的条件、谁可以作为发言人跟对方直接沟通。否则，大家沟通起来七嘴八舌，就难以保证有效沟通，也难以达成双方想要的结果。

情绪角色

当以团队形式去跟别人沟通谈判时，在沟通过程中，我们也会涉及角色分配问题。不过，此时分配的就不是发言人、专家这样的功能角色了，而是情绪角色，就像俗话说的"一个唱红脸，一个唱白脸"。红脸和白脸都是我国传统戏曲中的角色，红脸的代表人物是关公，代表的是忠义的好人；白脸的代表人物是曹操，代表的是奸诈的坏人。英文当中也有类似的表达，叫"good cop, bad cop"，翻译过来就是"好警察，坏警察"战术。

在两个人以上的团队中，就要包含红脸和白脸两种不同的情绪角色，这样才更有利于控制沟通的进程。其中，红脸代表的就是好说话的那个人，他可以与对方积极配合，推进沟通向前进行；白脸代表的就是不好说话的那个人，他会让对方做出更多让步和利益交换。如果用一个比喻来形容，扮红脸的就像是踩油门的人，扮白脸的就像是踩刹车的人，一红一白相互配合，才能更好地控制"车速"。

假如我们和家人一起去逛家具店买家具，看上了一套很不错的沙发，家人很想买，但我们感觉价格有些贵。这时，我们跟家人就自然形成了一个红脸白脸组合。销售员见我们的家人想买，也想促成这笔交易，但见我们反对，他可能就愿意给出一些折扣。这样一来，我们既可以少花钱，又可以买到心仪的家具。当然，这属于天然形成的红脸白脸组合，如果我们和家人提前设计好这样的组合，那就是所谓的战术了。

此外，还有一种红脸白脸的用法，就是扮白脸的人故意把沟通难题提高，让对方觉得推进困难，而扮红脸的人介入后，对方就觉得这是成交的机会，因而也更容易同意红脸的提议。反之，如果一开始就按红脸的方案来，对方未必会直接同意。

所谓的"好警察，坏警察"战术也是这样来的，它其实是西方的一个谚语，说的是外国警察局在审案子时，会先以警察的身份对犯罪嫌疑人严厉地审讯一通，给对方造成心理压力。这时，再来一个和蔼的警察，跟嫌疑人耐心地沟通一番，比如劝嫌疑人考虑考虑家人、自己的前途等。嫌疑人心一软，就会吐露出更多的信息来。这种情况就是前面的"坏警察"为后面的"好警察"做好了沟通铺垫。

那么，情绪角色与功能角色怎样结合，才能让沟通更有效呢？

一般来说，发言人就是唱红脸的，因为他要与对方直接对话，推进进程，太苛刻会导致沟通不畅；专家则是唱白脸的，他们总能从专业角度提出一些问题，或者拦住发言人，告知对方这个方案不行，因为它违反了专家认可的一些原则。我们律师担任的就是专家角色，所以经常要唱白脸。但在有些谈判中，我自己是发言人，这时就不能唱白脸，而是安排其他律师或财务同事来担任那个"踩刹车"的白脸角色。这些角色都是可以灵活运用的，我们不要僵化地理解。

有些时候，就算是扮演辅助者角色的人，也可以担任起情绪角色的功能。虽然在正式沟通的场合，这样的角色不能直接发言，但在吃饭、休息时，却可以跟对方团队中年纪相仿的人聊一聊，有时也能收集到一些有用的信息。这时，这个辅助者就是一个红脸角色，是一个对方觉得容易打交道的人。

所以，就算是在团队中担任辅助者角色的人，也不要只顾闷头记笔记、改合同，有时帮大家订个饭、倒杯水等，都会增加对方的好感，让你在这场沟通中承担起一个情绪角色。不要总觉得自己人微言轻，只要做个有心人，这样的角色同样可以创造价值。

多个谈判桌

在团队沟通中，我们还可以考虑分组进行。有些时候，双方团队人员都比较多，大家坐在一起沟通，效率并不高，这时就可以分组进行。双方可以先沟通一下主要框架，框架定好后，双方再以各自的专业分组坐下来沟通，如法律对法律、业务对业务、财务对财务等，各组通过沟通得出一些结论，最后大家再将结论放在一起进行总体沟通。

我们把这种分小组沟通的方式叫作"多个谈判桌"，顾名思义，就是不要只在一张桌子上谈，能分组沟通时就分组进行。这样既可以提高效率，让团队中的每个角色都能在小组中有充分的时间交换意见，还可以避免因团队过大、沟通意见过多，发言人又不愿意当众让步而使沟通陷入僵局。因为分组沟通可以改变环境设定，所以更容易谈出成果。

克服团队对话的缺陷

由团队一起完成的沟通会有很多优点，比如可以补足个人沟通的短板，还可以产生多种战术策略等。但是，团队沟通也有缺点，对于这些缺点，我们要尽量防范或补强，以防它们影响沟通效果。

1. 利益冲突

沟通团队的目标虽然是一致"对外"，集合每个人的力量与外人对话，但是，由于团队内人数较多，每个人、每个小团队都可能有各自不同的利益需求，这就很容易导致团队内部出现利益冲突。

比如，有的成员想要争功，在对外沟通时，原本不该他表达时，他却极力表达；不是问题或者只是小问题，他会说成大问题，以显示他的重要性。有的成员想要推责，该他拿主意、做决定时，他不拿主意、不做决定，出了问题就把责任推到别人身上。还有一些团队成员之间存在微妙关系，也会影响沟通效果。

举个例子，在一场复杂的谈判中，参与其中的可能不止一家律师事务所，有公司里常用的日常律师，有负责证券方面的律师，有负责并购业务的律师，还可能有老板的私人律师，这些人都是一个谈判团队内的。如果他们之间的关系协调不好，就可能会出现互相争功或推责的现象。

所以，我们在组织团队时就要预见到，这个团队是否真的需要这么多人参与，如果不需要，那就让某些人或某些角色只在某个时间段内参与，而不需要从头至尾都参与其中。作为团队领导，我们要像一个乐队指挥一样，哪个乐器声音大、彼此间如何配合，都要通过排练和事先的规则安排好，让每个团队成员都了解自己的角色和工作范围，既不要抢别人的功劳，也不要推卸自己的责任，做好分内之事，这样才能共同推进沟通的顺利进行。

2.羊群效应

羊群效应是指团队中每个成员都盲从于一个领导，大家人云亦云，不肯自己思考。原本组织团队参加沟通是为了弥补一个人单打独斗的不足，但如果团队中出现一个强势的领导，不肯接受大家的意见，那么时间长了，大家也就不提意见了，一切听从领导"指挥"；或者整个团队没有树立起清晰的沟通目标，每个成员的动力都不足，没人愿意真正投入时间、精力和专业意见来推动沟通的顺利进行。这时，虽然团队中的每个人都在忙活沟通这件事，但其实没有集中领导者，大家都像羊群一样，漫无目的地移动着。

要克服羊群效应，团队中就必须有一个强有力的领导者，他可以引领团队方向，而不是放羊。同时，他还要善于倾听成员的意见和声音，并有令人信服的判断力，可以决定采纳什么样的意见。

我在工作中就见过不少这样的沟通团队领导者，他们既善于倾听意见，又很有定力和决断力。一个沟通团队如果没有这样的人领导，许多大型、复杂的沟通和交易就很难有效完成。

3. 保密困难

在很多关键性沟通中，信息的保密是至关重要的。但在一些复杂的团队沟通中，信息保密就会比较困难。一般来说，团队在开准备会时，许多专家、顾问等第三方都会到场，他们还有各自的助手和员工。核心人物自然知道事关重大，保密意识也比较强，但其他人可能并没有很强的保密意识，有时一不留心就把自己参加了什么会议、见了哪些人物等说出去了。尤其在一些重大项目中，或者会场中有大家都知道的名人时，有些人就喜欢到处吹牛，以此抬高自己的身份。殊不知，说者无心听者有意，一些秘密就这样被泄露出去了。

做好保密工作，我们首先要尽量减少团队的规模，对于不同角色的专家顾问，可以一起谈沟通框架，但要分别谈细节。很多细节内容跟其他人无关时，就不需要让大家都知道。

其次，我们还要时刻提醒团队成员信息保密的重要性，要求大家不乱放文件，在其他场合不要谈论工作等，尤其在电梯内、饭桌上，都要尽量避免谈工作。

我们之前在拍真人秀节目《令人心动的 offer 第二季》时有这样一个细节：在一场谈判中，我邀请两位实习生和我出来商量一下策略，结果我发现，他们把所有材料都留在了谈判的会议室。我看到后，并没有提醒他们，因为这毕竟是在拍节目。但在谈判结束，总结当天表现时，我就很认真地提醒他们说："今天大家都有个不谨慎的地方。"我还没说到底问题出在哪里，他们马上意识到了问题所在，就是把材料放在了只有对方在内的房间里。经过这件小事，我相信大家的保密意识一定会有所提高。

综上所述，我们发现，以团队形式出现的沟通可以增强沟通的综合能力，扩展应用各种策略和战术的空间和可能性，但也增加了沟通的复杂程度。这就提醒我们，在以团队形式参与沟通对话时，一定要使团队中的每个成员做好分工，扮演好自己该扮演的角色，打好战术配合。这样，沟通才能顺利推进，也才更有可能拿到自己想要的结果。

看不见的参与方：你在谈，很多人在看

　　不管是在生活还是在工作中，许多关键性沟通都是超越沟通双方的，可能会有更多参与方参与其中，并且这些参与方有的在现场，有的并不在场，而是在背后观察。这就需要我们具备更广阔的视角和更强大的把控力，能够识别出每一个参与方的利益和需求，掌控好一场涉及多方的关键性沟通进程，使沟通可以顺利推进，达成目标。

　　有些人可能觉得，多方沟通并没什么难的，把沟通的基本能力和技术用在每一个一对一的沟通关系里，不就可以了吗？

　　这种观点是只知其一，不知其二。多方沟通当然离不开沟通的基本能力，但它的复杂程度并不是简单的基本能力和技术的叠加就能解决的。两方的沟通中只有一组关系，而一旦增加了一方，三方对话就变成了三组关系，四方对话就变成了六组关系……关系越多，就越难以把握，何况还有那些没有直接到场的间接利益相关者，以及看不见的参与方。所以，我们在面对多方沟通时，脑子里必须牢牢树立一个意识，就是有看不见的参与方也正参与其中，我们需要考虑到他们的利益和需求。只有记住这件事，并且知道如何应对，我们才算得上迈入了高阶的关键性沟通者门槛。

多方沟通

一对一的沟通交谈很常见，多方的沟通也并不少见。比如我们去租房子，很多时候都需要与中介、房东一起沟通，这就是一个三方沟通的场景。中介并不属于我们的团队，也不属于房东的团队，他有自己独立的利益诉求，所以这就不是一个团队沟通，而是一个多方沟通。在这种场景中，做好场景识别、对手识别很关键。

我曾经陪同一位外国客户去租一个四合院，作为他公司的办公地址。约好时间后，我们就跟房东和中介见了面。我们这次沟通有四个人，但是共有三方，我和这位外国客户是一个团队的，在这个场景中，我并没有独立于客户的利益。在几方进行沟通时，中介自称是 agent，这时，外国客户就问中介："你是谁的 agent？你是我的 agent，还是房东的 agent？"这一问，把中介问蒙了，她解释了半天也没解释明白。

这里的问题就是：中介在介绍自己时，用了一个错误的词——agent。这个单词的意思是"代理人"，但从法律角度来讲，必须先有本人，才有代理人，但中介在我们这场沟通中并不是代理人，而是居间人。居间人应该翻译为broker，而不是agent，所以她既误导了别人，也绕晕了自己。其实在这个场景中，我才更像是agent，因为我是代表客户在跟中介和房东沟通，客户是本人，我属于他的代理人。

这个案例提醒我们，当沟通的一方有代理人的时候，并不一定是多方对话，但如果有中介和居间人的角色，那么这个场景就属于多方对话了。

多方沟通的两个场景

多方的沟通对话一般有两个场景，一个是全体沟通，一个是分别沟通。

全体沟通就是所有参与沟通的人都到场，比如一个公司要出售，公司共有三个股东，这三个股东一起出面跟买家谈判，这就是参与者都到场的全体沟通。

分别沟通是发生在任何两个参与沟通的人或者部分参与者之间。我们经常看到国际上开大会，比如联合国大会，总会有立场相似的国家坐在一起，先协调彼此间的立场，这就是分别沟通。

分别沟通也可以分为两种：规则安排的分别沟通和私下的分别沟通。其中，规则安排的分别沟通就是根据已经定好的流程，有一些只有部分参与者参加的沟通，比如公司的三个卖方股东对买方说："我们先去商量一下再给您答复。"这就是买方知道的卖方之间的分别沟通。但如果其中一个卖方私下联络买方，在另外两个卖方不知情的情况下与买方进行了沟通，这就是私下的分别沟通。

在有些情况下，私下的分别沟通是被禁止的，最明显的场景就是投标。招投标过程是严禁投标者之间互相沟通的，所有沟通都要发生在发标方与投标方之间。投标者之间如果私下沟通，就属于串标，是不允许的。

由此可见，一旦出现了多方沟通，博弈的情况就会变得十分复杂。有优势的一方或者有能力制定规则的一方，就会利用这些优势创造一些对自己有利的博弈因素。

我曾参加过一些投标，有些公司组织的投标就将博弈思维用到了极致。比如，一个招标公司会找四五家律所来投标，先设定一个分别沟通的场景，让每个律所向该公司陈述自己的能力、优势和业绩，然后向公司提交一个报价。等四五个律所都陈述完了，这个公司再把律所负责人一起招到一个会议室里，这时就出现一个全体沟通的场景。但是，这个公司并不会真正与律所负责人沟通，而是直接把四五家律所的报价都公示出来，让几家律所都知道别人报价多少，然后，公司这边再说："你们去商量一下，再提交第二轮报价。"于是，这几家律所负责人只好分别回去再跟自己人商量，看看第二轮怎么报价。在第二轮报价时，如果想要中标，律所间就必然要打价格战。所以，这就是一个公司组织的让律所互相伤害的多方沟通。对于这种做法，表面看对公司有利，其实完全搞错了重点，因为选聘律师并不是哪家报价便宜就选哪家，而是要看律所的服务水平、律师的专业水平等。显然，这样的公司对于这一点是完全不懂的。

这个案例就是想让大家了解，多方沟通中会出现很多复杂的博弈情况，但我们只需要记住多方沟通和对话的两个场景，在其他沟通对话中就能看清很多场景。

看不见的参与方

任何一场沟通对话都可能存在看不见的参与方，因为走进沟通现场的参与方总是有限的，有些人因为与这件事属于间接关系，或者整个会场容纳人数有限等，不能直接参与沟通。但是，沟通的内容和所涉及的利益并不会因为会场人数所限，或是有些相关方没有来到现场，就将他们排除在外。

比如，兄弟姐妹几个人商量自己家的一些事情，可能涉及财产分配、老人赡养等问题，这时几个兄弟姐妹就是到场坐在一起的相关方。但是，他们的配偶、子女、男女朋友等，也都会与这些安排发生一些联系，或是产生一些利益上的关系，但他们未必都会到场。或者说，兄弟姐妹在商量赡养老人等事项时，老人正在住院或是在养老院，也没有到场，但几个相关方商量的确实是与老人切身相关的事情，所以就算老人没到场，也是一个重要的相关方。

在很多场合下，没有到场的相关方还是比较明显的，比如在商量赡养老人或照顾孩子的事情时，有时老人或孩子就不会在现场。但最终老人或孩子能不能接受其他参与者商量出来的结果，也是沟通对话需要重点考虑的因素。所以有些时候，没有到场不代表这些参与方不重要，反而恰恰是这些没有到场的参与方，才能真正决定沟通的结果。

瑞典以前有个著名的高性能汽车品牌，名叫萨博（SAAB），其车型和技术曾被很多爱车者津津乐道。后来，萨博陷入经营困难，几家中国车企便与萨博接触，想要收购这个品牌，或者购买萨博的技术。其中差一点就将萨博收购的，是当时联手的庞大汽车和青年汽车，两家公司跟萨博谈判几次后，整个交易的推进都比较顺利。然而，就在交易接近完成时，一个没有直接参与谈判的第三方站了出来，它就是通用汽车。

通用汽车为什么能站出来呢？因为萨博的很多技术，

包括它的生产平台等，都是由通用汽车许可给萨博使用的。也就是说，萨博并不是100%拥有所有生产汽车的技术，它只是在通用的平台上做出了自己品牌的汽车。现在萨博想要出售，通用便站出来表明了自己的态度：不同意庞大汽车和青年汽车这个联合体收购萨博，否则通用就不再继续许可这些关键技术。

通用的反对是有道理的，因为通用在中国有自己的合资工厂，也有自己的重要市场利益，如果萨博汽车也进入中国，那必然对通用的合资公司和市场利益造成冲击。所以，一开始没有出现在谈判桌上的通用公司，一出手就结束了整个交易。

在一些复杂的沟通中，我们必须学会运用对复杂事物的理解能力，运用广角镜头去看整个沟通全局，弄清其中的相关方都有哪些、各方的利益都是什么，然后通过利益调整和交换来满足各方需求，将反对力量变成支持力量。这样的能力既是对复杂事物理解能力的体现，也是外交能力的体现。因此，我要提醒大家，面对自己不熟悉的环境时，一定要特别注意那些看不见的参与方及其利益，这个不熟悉的环境可能是另外一个国家、另外一种文化，也可能是我们不熟悉的行业。要洞悉这些，我们就要开启"6.0版感知雷达系统"，学会用全景的广角镜头去看自己所面对的场景。

通常来说，在各种沟通场景中，常见的看不见的参与方主要包括下面几种。

1. 主管机关

这类参与方主要包括政府、有权力决定许可和不许可的单位等。比如，我们是做并购交易的律师，在每次涉及一个新的国家或地区的并购交易时，都会面临一项重要的前期工作，就是要看在这个并购交易中，我们需要拿到政府的哪些许可才能使交易生效，然后再评估拿到这些许可的可能性。同时，我们还要把这个交易放在一个特定的行业领域内去看，因为不同行业的许可要求也是不同的，行业里还有某些特定的、看不见的相关方。

比如，我们要开一家连锁餐厅，与开一个发电厂所涉及的许可和背后的那些并不会直接到会议室来跟我们沟通的相关方肯定是不一样的。虽然这些相关方不直接参与交易沟通，但当我们把相关材料报上去后，这个交易被允许还是被否决，却由它们直接决定。一旦被否决，我们前面所有的工作就都白做了。想不被否决，就必须提前把各项事情都研究透、准备好。

有时候，权力许可的部门、单位等看不见的参与方可能不是政府，而是这些部门、单位本身就有这样的权力。比如，我们想在高校举办一次讲座，事先已经和学生会、组织者都沟通好了，结果学校突然说，出于某些原因，这次活动不能举办了。在这种情况下，学校虽然不是政府，但我们举办讲座的场地归它管理，它就是一个具有决定权的看不见的参与方。

2. 舆论

舆论主要包括各种媒体，如电视、报纸等传统媒体，以及微博、朋友圈、公众号、短视频等新媒体，此外还包括周围人的意见，如同事、领导、亲朋好友等。大家对一件事是支持还是反对，都会给我们造成巨大影响。这些舆论也属于非常重要的参与方。

大约十几年前，有两个当时十分令人瞩目的并购案，都是因为公众舆论的介入而导致并购未能成功。其中一个是凯雷收购徐工的案子，另一个是可口可乐收购汇源的案子。

当时，凯雷属于一个很出名的外资背景收购方，它要收购徐工这个在中国很有名的本土品牌，自然很容易引起人们的关注。一般来说，企业之间的并购并不会出现在大众媒体上，最多可能会出现在偏财经类的媒体上，但这个案子当时在互联网和大众媒体上都引发了很热烈的讨论。大家讨论的焦点，一个是外资企业收购民族品牌让人难以接受，另一个就是最先在媒体上挑战这件事合理性的人，正是徐工集团的竞争对手——三一重工的企业领导。人们纷纷讨论，觉得是不是这家企业担心自己的竞争对手被外企收购后，实力增强，最后导致自己在市场上的地位不保，所以这家企业的领导人才站出来反对。

这就是在探究人的动机了，只是这个动机并不容易探寻，但不论任何，这次收购经过媒体发酵和公众舆论讨论后，最终确实没有成功。

除了凯雷收购徐工没成功，可口可乐收购汇源也没成功，大部分原因也是舆论压力过大，最终不了了之。

由这两个案例可以看出，在很多时候，舆论媒体，包括竞争对手，都有可能是我们某些沟通中看不见的参与方，一旦它们开始下场参与，就很可能影响到沟通结果。

3. 家族与家庭

在传统社会中，家族和家庭对人们的选择和决策也会产生很大影响，即使是今天，我们在做一些决策时同样无法消除家族和家庭的影响。比如，现在的年轻人在城市里办婚礼，跟在农村地区办婚礼，形式就完全不同。在城里办婚礼时，可能会邀请自己的朋友、同事，婚礼也会搞得比较简单、明快。但如果回到自己土生土长的农村故乡，在一个比较传统的文化环境中办婚礼，就要遵循老一辈流传下来的各种风俗礼仪来操办了。

同样，很多年轻人在面临人生的重要问题上，如在哪里工作、在哪里生活、和谁一起等，也会或多或少地受到家族和家庭的影响。在与别人打交道时，我们也会意识到，对方可能会受到他的家族或家庭潜移默化的影响，尤其在生活、情感问题上，影响往往更加明显。

4. 宗教

在有些国家或文化环境中，宗教也会产生强大影响。我们在与国外律师交流时，比如西班牙、葡萄牙、菲律宾和拉丁美洲等一些国家和地区的律师，不管是面对商业事务还是民事事务，他们在沟通过程中总会考虑到宗教影响。

这也提醒我们，在与有宗教信仰的人交流时，一定要充分考虑到宗教可能给对方带来的影响。

5. 其他组织

我们在做并购交易时，常常要考虑一个看不见的参与方，就是这个被并购企业的员工或他们的工会。企业控制权一旦发生变更，它的经营方式、经营理念等就可能发生变化，而员工原来熟悉的那套结构和框架也就有可能会进行调整。所以，对员工来说，企业并购是一件比较敏感的事，也是我们需要着重关注的事。

同时，我们更要意识到，一些国家的工会力量十分强大，如德国、韩国等。我们在做企业并购时，都会特别关注这些工会对于企业并购的意见，以及它们所采取的立场和步骤等。

在很多地方，非政府组织（NGO）也会发挥重要作用。如果我们准备做一个石油勘探或矿业开发的项目，那么当地的环保组织或一些绿色组织就可能会出来发声。在我们国家，消费者组织也会对某些产品、某些事件等发出自己的声音。

以上这一切都表明，在不同的文化环境中，我们需要针对当地情况，对社会上的其他组织，如工会、环保组织、消费者组织等，进行充分的了解，并对它们的意见做出充分的估计。当我们站在更广阔的视角，对这些看不见的参与方有所考虑并给出相应的应对方案时，对于我们参与的任何一场复杂性沟通都会提高一个台阶，或者增加成功的概率。

马拉松式对话：大战三百回合的管理和控制

很多人都有这样一种思维：自己只要掌握了沟通的基本技能、基本结构，即使时间跨度出现变化，也并不影响什么，大不了把本来一小时完成的沟通分成三小时来完成，或者需要几天完成的沟通压缩在一两天内完成就行了。

这种想法就将一些时间跨度长，或者时间紧、任务重、压力大的沟通看简单了。要知道，在很多时候，时间维度一旦发生变化，事情就可能也会随之发生变化。当这些变化发生后，我们仍然以刚开始时的思路去看问题，难免会产生刻舟求剑之讥。所以，能在时间较宽松的要求下完成关键性沟通的人，同样需要具备在时间紧、任务重、压力大的要求下掌控沟通的能力。就像打篮球一样，我们的篮球可能打得很好，可以在10分钟左右的时间内连续上篮，但如果在一个时间紧、任务重的场景下，比如在一场争冠赛中，或者对方的拼抢十分凶猛的情况下，我们是否还能打出这么好的成绩？另外，如果在一场时间跨度很长的比赛中，如一个赛季内，我们又能不能呈现出比较好的状态呢？毕竟打10分钟的好球与打一个赛季的好球，所呈现出来的能力是完全不同的。

这就提醒我们，要学会在有时间压力的情况下把握好沟通的节奏，不要被这些时间节奏带乱，更不要在时间压力下选择妥协，仓促成交，而是要以耐心和合作的方式，努力去推动沟通顺利进行。同时，我们也要清楚，时间是最宝贵的财富，对于一些不该进行超长时间的马拉松式沟通，要及时止损，该离场时就离场。

关键对话的时间压力

时间是人类最重要的维度，不管是历史上发生的事情，还是每个人的年纪，都是以时间来作为标记进行描述和刻画的。沟通同样有时间的标记，有些沟通可以在相对合理从容的时间内完成，有些沟通比较复杂，无法在合理宽松的时间内完成，或者无法在一个较短的时间内完成，这时，时间维度就会增加沟通的复杂程度。

在我们的生活中，有很多重要沟通都是在时间紧迫的压力下完成的。比如，马上要去新单位上班了，我们还没有在单位附近租到合适的房子，这就是一个时间上的压力；一个建筑项目要开工了，但相关合同还没谈好，资金、人员也没到位，这也是一个时间上的压力。我的工作就经常需要给某个交易设定日期，比如签约日期、交割日期等，我们必须在这个日期前完成规定任务，否则合同要么无法生效，要么无法交割，这时我们就要承担违约责任。

以上这些都是人为设定的时间和日期。有些人可能会说，我把这个时间设得长一些行不行？我们可以把时间设长，但别忘了，人都有拖延的心理和习惯，只要时间没到，我们总会有新的事情要做，也总有新的理由拖延，到最后不见得能提前或按时完成既定任务。

还有一些日期是法律或监管设定的日期，比如我们曾经参与过一个大型并购交易，按当时的交易规模，谈一两年都有可能。但是，这个交易却是在 48 小时之内谈成的，原因就是该交易有监管要求。

> 当时的情况是这样的：两家大型上市公司谈并购交易，它们所谈的一些事情可能是保密的，所以并没有触发应该公告的条件，但世界上总有透风的墙，这个消息还是传出去了，导致两家公司的股票出现异动。股票出现异动这一天刚好是星期五，收市以后，监管机关就提出要求：两家公司必须在下星期一开市之前做出公告，告知股民两家公司是否有交易，以及这笔交易是否进行。这两家公司很想达成这笔交易，但要想让交易进行下去，它们就必须在下星期一前把交易说清楚。这样一来，留给双方谈判的

时间就只剩下了 48 小时。

这场谈判的很多参与者，包括我们，原本都没有做好在 48 小时内谈下交易的准备，只是以为大家先一起召开一个会议，会上谈一下解决问题的大致方向，或者先谈个方案出来。没想到，从星期五晚上开始一直到星期一凌晨，双方一直都在沟通。其间，大家都没有休息，尤其像我们这些在一线工作的律师、会计师、交易双方的顾问等，更是基本没合眼。当然，在这种巨大时间压力下的沟通和谈判中，人的情绪也几乎接近于崩溃。但越是在这种情况下，越需要我们具备更高阶的、对整个谈判进程的把握和对情绪的控制能力，以及对各方利益和需求清晰洞察的综合能力。最终，在大家的共同努力下，这次谈判算是比较圆满地结束了。

还有一些沟通，时间跨度非常长，比如国际上的很多谈判。即使是我们个人生活中的一些事情，比如感情破裂后的财产分割问题、老人赡养问题、遗产分割问题等，时间跨度也都会比较长，沟通起来也很艰难。

中国加入 WTO（世界贸易组织）的谈判就从 1986 年开始，一直谈到 2001 年，共谈判了 15 年。因为那时加入 WTO 是一个多方谈判的过程，仅仅中美谈判就进行了 20 多次，中欧谈判也有十几次，此外中国还要跟其他多个国家和地区进行多轮谈判。这就是一个非常经典的、时间跨度非常长的多轮谈判，需要复杂谈判的操盘者对整个谈判过程有超高的把控能力。

英国脱欧的谈判从 2016 年谈到 2020 年，共谈了 4 年之久。即使到现在，一些遗留问题也没有完全解决。

中国与苏联以及后来的俄罗斯之间的划界谈判，从 1964 年起一直谈到 2008 年才结束，属于一场跨度 40 多年的谈判。

一场沟通或谈判的时间跨度特别长，往往是由多种因素造成的，有时是议题复杂，有时是参与方过多，需要沟通的事项太多，有时则是由参与者的工作风格造成的。我们就见过有些欧洲公司在与中国企业谈合作时，几乎是每个月过来一次，每次只停留两天。这样断断续续地谈一次合作，差不多会谈一年之久。如果能专注地坐下来谈，往往两三周就可以搞定，但这就是他们的工作风格。这些方式都会令沟通时间延长，甚至成为马拉松式沟通。

时间压力下的态度

虽然时间跨度较长的沟通会给人带来较大压力，但并不是说闪电式的协议、突然的成交就是好事。沟通时间过短，成交过于仓促，可能难以搞清自己和对方的利益诉求和最终沟通目标。尤其是一些重要的沟通谈判，还是需要多花些时间，耐心地沟通几次，尽量将自己与对方的利益需求弄清楚，同时也能最终达成双方的利益需求。当然，如果期间能尽量节省一些时间，那就更完美了。

我们前文提到，一个沟通高手，首先要成为一个乐观有耐心的沟通者。耐心是一个非常宝贵的品质，但耐心也不是每个人天生就有的，更多的是需要后天磨炼。要磨炼出耐心，我们就需要认识到这个世界的构成是复杂的，既有各种各样的人，也有各种各样的事；每个人都有各自的特点和情绪，每件事也有各种各样的诱发因素。所以，每个人看问题的角度不同，得出的结论也会不同。在这种情况下，我们就不能把自己的观察或观点强加给别人。只有认识到世界的复杂性，认识到每个人、每件事、每个组织结构都有其不同的侧重点，我们在做事时才能更有耐心，也才能更深入地寻找和探究解决问题的最佳方案。

有些时候，一些具有严格时间要求的沟通都是人为造成的。比如，沟通中的一方说："今天如果谈不好，我们就不结束。"结果可能会从上午谈到下午，从下午又谈到晚上，甚至谈到深夜，这就给大家造成了一种时间上的压力，还很有可能使其中一方做出不必要或不理性的让步。

所以，在沟通过程中，我们要分清是否真的有必要增加时间压力。我前面举过例子，在监管机构的要求下，两家想并购的公司必须在 48 小时内向市场做出公告，这就是真的有必要；有些沟通其实没必要增加时间压力，可能只是觉得双方好不容易坐在一起沟通，就必须拿出个结果来，这就会给我们造成一定的时间压力，迫使我们不得不在紧迫的时间里做出决定。

这种谈判一般被称为"耍手段"（dirty trick）。对于这类情况，我建议你可以根据具体情况，运用下面的态度和方法与对方沟通。

1. 能拒绝时坚决拒绝

有些人在沟通谈判过程中，很善于利用所谓的"最后一分钟"，在双方一切都谈好的时候，突然要求我们再给出某些优惠条件，而其他条件不变，只要我们答应，就立刻成交。这种情况会让人很恼火，之前明明已经花费了大量的时间和精力与对方沟通，现在马上要成交了，对方却突然提出无理要求，我们是接受还是不接受？接受了，就意味着我们的利益要受到损失；不接受，前面的所有努力全部白费。这一点恰恰就是对方故意利用时间紧迫给我们造成压力。

为了避免这种情况的出现，我们在沟通前就要做好心理建设，预防对方要这样的手段。一旦对方做出这种行为，我们能拒绝时就要坚决拒绝，直接告知对方："我们不能接受您这种最后的突然袭击，我们认为这不是一种好的沟通方式。如果您坚持要这样做，我们就不谈了。"这样做，既不会被对方牵着鼻子走，也不会损失自己的利益。

2. 跟对方做"同事"

这也是一个可以克服时间压力的态度，也就是本着大家是合作伙伴、共同解决问题的原则，和沟通对象建立起像同事一样的合作态度。抱着这样的心态与对方沟通，相互配合，寻找解决问题的方法，也能让整个时间跨度不会给我们带来太大压力。

这点不难理解，试想一下，如果在沟通中大家的利益和观点不一致，必然会产生一些分歧。如果我们把分歧当成对抗，甚至带着情绪去面对对方，势必会影响沟通效果。所以，真正的沟通高手在必要时可以放下"自己才正确"的那种坚持，放下因对方不同意自己的观点而造成的沮丧和无力感，更多地关注事件本身，并积极配合对方的合理需求。

这时，我们可以运用前文提到的"6.0 版感知雷达系统"，虽然沟通双方是对手，但我们的态度是作为队友与对方配合的，大家一起来弄清自己的需求是什么、对方的需求是什么，然后集思广益，共同寻找解决问题的办法。在这个过程中，哪怕对方所用时间长一点，双方在合作过程中也是高效的，整体上大家的情绪也是愉快的、专注的。

3. 该做的工作不能忽略

在多轮沟通的间隙，也就是大家没有坐在一起正式沟通时，沟通也是在进行中的。也就是说，沟通并不会因为我们离开了沟通场地、离开了谈判桌就直接终止。在这种情况下，我们就要把沟通看成一个持续的过程，即使在间隙中，也不能停止自己的工作任务，该准备的材料要积极准备，对手识别、场景识别、策略和战术等，该分析的分析，该细化的细化，该更新的更新。可以说，我们所有能在沟通中用到的能力，都可以在沟通间隙获得一个非常好的调整和升级机会。

4. 与沟通对象维持友好关系

当沟通告一段落或者结束后，我们和对方可能很长时间不再见面了。但是，不见面不等于不联系、不交流，维持友好的关系还是很有必要的，因为我们不知道什么时候还会与对方见面、沟通、合作。

所以，沟通结束一段时间后，我们可以主动联系对方，比如，发个信息，聊聊近况，或者在节假日时向对方问候一下，也可以在对方的社交媒体上点点赞、留留言，这都是在维持与对方之间的友好关系。

实际上，当双方不见面、不谈判时，反而更容易维持关系，因为大家内心很清晰，彼此都不需要考虑运用什么策略，或者如何从对方手里争取自己的利益等。在这种情况下，双方也更容易进行一些轻松的日常交流和节日问候，而这又能为以后的沟通对话关系打下良好的基础。

时间是宝贵的

每个人的时间都是很宝贵的，在沟通谈判过程中，我们如果已经预料到此次沟通会非常耗时，那就要评估一下自己是否还有必要参与其中。

在一场关键性沟通中，能够准确地评估出自己应该何时开始、何时据理力争，以及何时离场不谈，其实是一项非常重要的能力。同时，我们还要能够评估出离场不谈的结果与我们继续谈下去调整目标的结果，哪一个对自己更有利。前文我们讲过一个重要概念——最佳替代方案，这里就可以用它来评估一下：如果我们结束沟通，选择最佳替代方案，再加上节省下来的时间，对我们来说是不是最有利的；如果是，那就可以直接选择不谈。

很多时候，我们总是意识不到时间的宝贵，所以会花费大量时间做一些没有太大意义的事。这可能与我们从小接受的教育有关，比如要省钱、要节约等。省钱、节约这些当然都是美德，从小我们听得道理也足够多，但对于时间的价值，我们听到的却比较少。

　　我在刚刚上班时，还没有移动支付方式，买东西都要用现金。我们公司楼下有一个自动柜员机，但不是我们工资卡所在的银行，因此，我每次取钱时都要走过一条街，去我工资卡所在的银行里取。我的同事很不解，就问我为什么不在楼下的自动柜员机取，而跑那么远。我就说，因为在楼下自动柜员机上取钱属于跨行，要多花2元手续费。他觉得我的做法不可取，于是跟我说："你应该这样想，如果我对你说，史律师，麻烦你去街边帮我取点钱，我给你2元跑腿费，你去吗？"我说我肯定不去，我不愿意为了2元钱去给他跑趟腿。他说："但你现在就这样做的啊，这两种行为本质上有区别吗？你浪费了十几分钟的时间，就为了省这 2 元，你的时间价值是什么？"我忽然觉得他说得很有道理。

有些时候，我们会觉得自己做一件事可以省钱，或者跟别人谈一件事，就能在经济上占到一些便宜，但是，我们没有考虑到做这件事的时间值不值钱。

对一场关键性沟通来说，什么时候该离场，时间就是一个需要重点考虑的因素。当我们所花费的时间已经超出可能获得的利益时，就该离场了。我现在在一些合同中会经常写上一句话"时间是重要的因素"（time is of essence）。要衡量一件事情的价值，就要把它本身的价值与我们在它身上所花费的时间价值加在一起，才能得出它最终的价值。

所以，我们不害怕时间压力下的沟通，也不畏惧马拉松式的沟通，但是在投入一场耗时的沟通之前，一定要三思而后行。因为一旦投入其中，我们为之付出的时间、精力等就会使我们难以再做出撤出来的决定，最终得到的结果很可能也不是让我们满意的结果。

当然，如果我们发现此次沟通的结果已经是一件于我们无益的事情，即使当下离场很难，也要当机立断，而不是想着如何回本，或者等待一个什么样的时机。割肉的最好办法就是马上割，而不是继续在上面浪费时间，最终获得一个不大的利益，这是得不偿失的，也是我们不提倡的。

突破僵局：运用高手的创造性思维

在工作和生活中，我们经常会有这样的经历：与对方就某件事沟通了好几轮，却没有任何进展，几个焦点问题也无法解决，可是为了事件的有效推进，又不得不继续谈判……这种经历十分痛苦，也让每次沟通看起来都像在浪费时间。

这个过程就是关键性沟通面临的一个重要问题——陷入僵局。如果无法有效突破僵局，甚至无法有效处理自己的情绪，沟通就难以继续，也无法取得任何结果。

很多人认为，沟通一旦陷入僵局，就等于双方谈崩了，沟通结束了。有时的确是这样，但大部分时候，僵局并不是沟通的结束，只是整个沟通过程的一部分。要知道，关键性沟通并不是日常聊天，而是解决复杂问题，解决各种利益交织的问题，中间遇到谈不下去的情况，或双方意见不能达成一致，陷入僵局，都是非常正常的。如果没有僵局，一切都很顺利，那就不叫关键性沟通了。

所以，对于沟通僵局，我们首先要打破对它的恐惧感，并且要知道，关键性沟通就是由一个又一个僵局形成、突破、化解的过程组成的，僵局的生生灭灭，也是关键性沟通向前推进的过程。既然僵局不是结束，那么它就一定有应对的方法。不仅如此，有些人还会故意将沟通双方引入僵局，以此实现自己在沟通中更高的利益和价值。

当然，在一些沟通场景中，我们还是应该尽量避免出现僵局，毕竟它会影响沟通的效率。如果实在无法避免，那就要寻找具体的方法和技术手段来打破僵局。

避免僵局

在关键性沟通中，僵局经常出现，这并不可怕，也有解决的方法。但是，我们仍然要避免陷入一些没有意义的僵局，否则它会拖延沟通的进程，对双方的合作关系也会造成一定的伤害，还需要花费大量的时间和精力去化解僵局。

那么，我们要怎样避免陷入沟通的僵局呢？这就需要我们根据僵局的形成原因来进行预防。

1. 自然僵局

自然僵局一般指沟通双方在一个条件点上出现了较大的分歧，导致沟通无法继续进行。这种僵局通常不会影响整个沟通进程，我们可以先把它放一放谈其他内容。

　　我们去采购一批货物，卖方给出的报价是 30 万元，但我们手里的预算只有 25 万元，于是就想让对方降价，但对方不肯，这时形成的就是一个自然僵局，双方在价格这个点上谈不下来。不过没关系，我们可以先谈谈别的，比如向对方了解一下，对方货物的生产周期是多久，库存情况如何，最近发货情况怎么样，是否还有其他同类产品，等等。经过一番了解沟通后，再回到价格问题上，可能就会找到解决办法。比如，对方可能会有库存比较高的季节，那我们就可以跟对方约定，到那时再来采购，价格可能就会有所变化。

　　由此可见，自然僵局并不是一个需要刻意避免的僵局，对于其他问题多了解、多沟通，可能就会找到避免僵局的有效方法。

2. 人的情绪或错误造成的僵局

　　由于人的情绪或错误造成的僵局是我们要避免的。我们前文强调，在关键性沟通中，最不重要的就是自己的情绪，所以我们要关掉那个向内扫描的"1.0 版天然情绪雷达系统"，改为向外扫描，感受对方和其他相关参与方的情绪利益和需求，从而推动沟通向前进行。

但是，有时沟通中的一方没有控制好自己的情绪，就会出现话赶话的僵局升级，其场面就是你不同意我，我也不同意你，甚至上升到对方有没有诚意，乃至出现人身攻击。这种僵局于沟通是非常不利的，也是我们要尽量避免的。

要避免这种僵局出现，一方面我们要打开"6.0 版感知雷达系统"向外扫描，不让自己产生强烈的情绪；另一方面，如果对方是个很情绪化的人，我们也不要与对方的情绪做对抗；同时还要注意，如果双方都控制不住情绪，导致情绪叠加，我们要及时叫停、休会。比如跟对方说："谈了这么长时间，大家都有些累了，先休息一下吧！""我们给公司打个电话商量一下，咱们再继续谈怎么样？"用这些方式将紧张的气氛缓和下来，等大家情绪都平稳下来后，再继续下一步的沟通。

在这个过程中，有一点非常重要，就是不要让自己的情绪针对某个人，更不要搞人身攻击。虽然有些人在整个沟通中发挥的作用很不好，但如果我们针对他个人发表意见，或对他发起人身攻击，那么大家的注意力就会关注在我们和这个人的矛盾上，这不利于整个沟通的顺利推进。在这种情况下，我们就要讲究策略了。

有一次，我参加了一个多方参与的并购谈判，其中有不同的买方与卖方，沟通非常复杂，而且外方负责人几天后就要回欧洲，我们必须抓紧时间，所以几乎是彻夜谈判。但是，其中有一方的律师，在沟通谈判过程中一直心不在焉，其间还经常突然性地问大家一些已经讨论过的问题，或者是已经达成一致的问题。我们过去看了下他的电脑，结果发现他正在做别的事情，注意力根本不在我们的谈判中。

不仅如此，我们当时的谈判就是在他的办公室里进行的，各方临时修改文件也是用他办公室里的电脑。结果有一天晚上，大家修改完内容后，他告诉大家，他没有保存，导致所有文件丢失，大家只好熬夜返工，各方都怨声载道。

那是一场多方谈判，除了他的客户对他比较仰仗，其他各方都对他非常反感。当时我也比较年轻，私下跟其他几方的参与者开了个小会，建议大家跟那位客户说一下，纠正一下这位律师，或者不要让这个律师参与谈判了。听完我的建议后，几位久经沙场的沟通高手互相对视了一下，告诉我：还是不要提了，因为这是个"核武器"，在你提出这个针对他的建议，并让客户把他换掉后，我们整个谈判的方向和节奏就全变了。我们还是忍忍吧，除非特别必要，否则不要启动这个机制。这几位给我提建议的都是跨国公司的高级领导，经验显然更丰富，处理问题也会更成熟。事实上他们是正确的，如果我去针对这个律师，甚至因为年轻气盛直接与他对抗，那么整个谈判可能会陷入一个没必要的僵局之中。

3. 不要设计可能造成僵局的制度

在沟通过程中，想要避免僵局出现，还要注意不要刻意设计一些可能会陷入僵局的制度，也不要进入一个僵局博弈。比如，公司两个股东的股权为 50% 对 50%，这就非常容易导致僵局出现。还有些公司会给小股东或董事会里的少数人很多否决权，也容易造成僵局。

如果大家经常看新闻就会知道，联合国安理会上的讨论经常会陷入僵局，原因就是安理会要通过某项决议，必须由五个常任理事国一致同意才行。同时它还有一国投票否决权，一旦某个国家投票否决，那么这项决议就不能通过。这就是一个非常容易出现僵局的机制。虽然安理会的投票设计符合建立联合国时国际政治的背景和环境，但从程序上来看，它并不是一个很完美的设计。

化解僵局的手段

虽然我们在沟通谈判过程中尽量避免僵局的出现，有些时候沟通还是会不可避免地陷入僵局，这时，我们就要掌握一些化解僵局的手段。

化解僵局的手段其实也是万变不离其宗，就是要从环境、内容、参与人等方面做一些调整，以达到某种平衡。

1. 环境调整

僵局比较容易出现在沟通场景中人较多的时候，因为大家都在七嘴八舌地发表意见，很容易出现混乱和不同意见。如果我们是控制沟通流程的人，这时可能很难快速做出决策，尤其是当着那么多人，要做出某些让步是很有压力的。

在这种情况下，我们就要对环境做出调整，比如先开一个小型会议。在很多外交沟通中，一旦陷入僵局，几个国家的领导人或外长可能就会开一个闭门会议，这个会议只带翻译，甚至有时连翻译也不带，几个人关上门商量一下，出来之后，再沟通时的状态就变了。这说明，他们通过开小会达成了某种共识。我们也可以借鉴这种方式来试着化解僵局。

有一次，我参加了一场谈判。一家国外公司要在经济开发区投资建厂，我负责这家国外公司的法律问题。双方接触后，便开始沟通投资条件，开发区领导这方以前做过企业，对企业运转和投资的各个流程都比较熟悉，所以双方谈得比较顺畅。但是谈到投资额的问题时，双方却僵住了，我的客户承诺了一定的投资数额，但开发区领导希望我的客户能多承诺一些，因为开发区有招商引资的任务，投资商承诺多一些，他完成的任务就多一些。结果，双方在这个问题上僵持不下，最后完全谈不下去了，甚至双方都产生了一些不好的情绪。

我负责一方的谈判者是个北欧人，但他在中国居住多年，对中国的一些事情比较熟悉，而谈判的另一方是个做企业出身的领导，对企业事项也很熟悉，其实沟通是不容易陷入僵局的。他们之所以搞僵了，我觉得是会场的气氛所致，尤其是开发区领导，身旁还坐着好几个跟他平级的领导、其他委办局的领导等。

于是，我起身提议，要求暂时休会，大家休息一下。然后，我把双方的两位领导人请到一个小房间里，希望他们两位单独沟通一下。到了小房间后，两位领导的身体和语言马上都呈现出一种放松姿态，没有了刚才那种紧绷感。这时，开发区领导开始讲他的各种苦衷，比如要完成什么样的任务等，而投资方也表示，他们当时是投资第一期，只能说这么多，后面第二期的投资至少要到明年。

这时，我就跟他们两位说，有一种解决方法，就是今年承诺投资多少，明年承诺投资多少，可以把这笔投资分期来说。比如今年承诺10亿元，明年承诺10亿元，那总投资额就是20亿元，这应该没问题吧？两位领导都点头表示认可。

就是在一个非常小的房间里，只用了喝一杯咖啡的时间，我们就把僵局突破了。但如果我把这个提议在双方一起参与的大会议室里提出来，可能大家又要讨论争执很久，问题也不会快速解决。这就是改变环境，最终快速化解僵局的一个例子。

2. 内容调整

内容调整不难理解，就是遇到沟通不下去的点时，不要在这个点上僵持，更不要因为这个点而动气发泄情绪，而是先把它放在一边，继续沟通其他问题。等其他问题沟通解决完了，再回到这个问题上，通常可以寻找到新的解决思路。

就像之前案例中所说的，在一般性的商务谈判中，价格往往是最重要的问题，沟通双方也最容易在价格问题上陷入僵局。这时就可以先把价格问题放一放，沟通一下其他问题，如库存问题、发货问题、售后问题等。等其他问题都沟通得差不多了，再回头看价格，可能很自然地就达成协议了。

这也提醒我们，在陷入僵局后，迂回地沟通一下，增进双方的了解，问题反而更容易解决。

3. 引入第三方

引入第三方也是一个化解僵局的方法。比如，沟通双方对市场的判断有很大差距，这时，我们正好认识一位市场调研人员或者一位咨询顾问，那就请他来给大家讲一讲，让大家一起学习学习，听完之后双方再沟通。由于有了第三方介入，这时大家就会把争论的焦点转移到第三方提供的内容上，从而有利于化解之前的僵局。

我曾经处理过一个独特的合资谈判。当时，双方已经合作多年，但因为一个重要问题要修改合同，双方产生了激烈的矛盾，甚至已经不能坐在一起开会了。我虽然是外资一方的律师，却成了中间的传话人。中方将要求告诉我，我再去给外方讲解，外方接受什么或不接受什么，我再返回来跟中方谈。在这个沟通中，我几乎成了一个调解员，但要想推动这个谈判继续进行，我必须保持公平。我也跟外方提出了这一点，我说如果我完全按照您的语气跟对方沟通，那我和他们是沟通不下去的。外方认可我这种方式，最终这场谈判才又进行了下去。这也是引入第三方化解僵局的一种方法。

4. 换人

在一些工作沟通中，如果前方代表已经谈得有些疲惫或者有情绪了，想让沟通继续进行，最好是换个人来继续谈。

当然，临阵换将是兵家大忌，毕竟正在沟通的人对双方和沟通的内容都比较熟悉了，突然换个新人来，一切都要从头开始。所以，换人并不是化解僵局的优先选项，但如果僵局无法化解，换人也不是不行。就像有些球队一样，比赛时总也赢不了，换个教练后就开始赢球。所谓"换帅如换刀"，新较量将过去很多人与人之间的包袱、情绪都甩掉了，大家回到一个正常的沟通轨道中来，往往会有焕然一新的效果。

妥协的尺度

化解僵局，最终是要靠双方或多方的妥协和让步的。其实让步和妥协并不仅仅出现在僵局场景下，它是整个沟通对话过程中都存在的调整策略。要知道，一场需要平衡利益的沟通对话的任何一方，都是准备寸步不让的。但在沟通陷入僵局时，双方又不得不通过妥协和让步来最终突破僵局。前文说的换环境、换内容、换人等方式，都属于沟通形式上的改变，最终也是为了沟通实质的改变。也就是说，我们先在形式上做出改变，使整个沟通气氛放松下来，大家都有互相让步和妥协的余地。否则，大家一直僵持着，妥协和让步就根本无法发生。

前文曾讲过需求交换表，也就是用我们可以交换、可以变化的需求，去满足对方必须达到的需求，同时对方也用他们可以变化、可以交换的需求来满足我们必须达到的需求。所以，妥协和让步就是用对自己来说不是最重要的需求，去与对方做交换的过程。

不过，在妥协和让步过程中，我们需要遵循两个原则。

1. 不做单方面让步

所谓单方面让步，就是对方没有提出具体要求，我们就主动调整策略或降价。比如，我们开始时对产品或服务的报价是 100 元，对方还没砍价，我们就主动要给对方打九折，这就是不理智的。除非我们的产品或服务在搞活动，对方也明确知道，这时我们可以主动提出给对方打折，而实际上我们可以给到更多折扣，比如七折。但是，如果对方没有要求打七折，我们也不要主动、单方面地做出让步。

同时我们还要注意，就是我们做出了让步，也要让对方做出让步。比如，我们在给客户打九折时，对方觉得价格还是高，想要八折买。这时，我们就可以说："八折也可以，那您就买两件吧。""八折就是会员价了，要不您办张会员卡吧。"总之，要让对方给到一个交换条件，我们才能做出更进一步的让步。

2. 让步幅度要越来越小

在沟通中，如果要做出让步，也要使让步幅度越来越小才行，这也是符合心理学和营销学的基本原则的。

道理很简单。假如我们的一款产品售价是 1000 元，对方还价，我们答应了，给对方便宜了 100 元，但对方还嫌贵，那我们可以再便宜 50 元；对方仍然不依不饶，那我们就再便宜10 元……这就是一个递减幅度的让步。

反之，如果一开始我们出价 1000 元，对方还价，我们便宜了 50 元，对方继续还价，我们一下子又便宜了 100 元，这就会导致一种情况：对方一还价，我们让价幅度就增大，那么对方就会一直还价而不愿成交，因为他觉得还可以拿到更大的优惠。

因此，在沟通一件事时，尽管这件事是有调整空间的，我们也要先想好，如果对方提出改变条件的要求，我们要如何应对。但必须遵循一条规则，就是后退幅度是由大到小，而不是由小到大的。提前做好这个设计，在实际沟通中才有可能以双方都满意的条件促进成交。

"如果"是个神奇咒语

很多沟通高手和谈判专家都会用到一个神奇的词——"如果"，这个词往往代表了一种新的可能性。

假如我们要采购一款产品，跟对方进行了沟通，但在谈价格时没谈妥，双方陷入僵局。这时，我们就可以用"如果"来试着打破僵局。比如，我们跟对方说："如果我们将交易改变一下，我不止采购你们这一款产品，而是采购三款产品，这样你们给出的价格是不是可以更低？""如果我们今年采购量较低，但明年我们会把采购量提高到一个非常高的水平，那我们现在可不可以从一个低价先开始试试？"

一旦有了"如果"，大家就会开始寻找新的解决方案，也有可能创造出新的价值。所以，在沟通不畅时，我们不妨试一试"如果"。

沟通之所以能够发生、推进，并能够谈出结果，就是因为双方拥有共同利益。因此，在沟通陷入僵局时，一定要将共同利益摆出来，并在寻找达成双方共同利益的方向上不遗余力地努力。同时，我们也不要总盯着你少一块、我多一块的思维，而是善于用"如果"的思维，尝试着把整个蛋糕做大，增加整体利益，创造新的共同价值，才有可能最终走出沟通的僵局。

压力对话：如果对手是"特朗普"

所谓压力对话，主要指沟通对象的风格十分激进，有的具有攻击性，有的不可捉摸，有的谈话甚至明显带有不尊重人的语气。此外，如果沟通的事情本身很复杂，或者时间很紧迫，同样会让我们产生压力。

对于有压力的对话，比如对方比较激进、有攻击性，有人认为，自己只要跟他"杠"就行了，他怎么对我，我就怎样对他，以眼还眼，以牙还牙；还有人认为，我就保持自己温和的风格，不管对方怎么对我，我都要保持教养，甚至可以多让着对方一些，用我的方式感动对方，让对方明白自己的沟通方式是不对的。

无论是以眼还眼、以牙还牙，还是始终温和以对，我们都不要忘记沟通的最终目标，就是要获得利益和满足需求。以上两种方式，经过实践检验后证明都是不太可行的。接下来，我们就假设自己的对手是特朗普，我们要与特朗普进行一次沟通或一场商务谈判，这时，我们需要做好哪些准备，以及如何识别战术，应对对方侵略性或进攻性的话语。

应对的原则

面对进攻性很强的沟通对象，我们首先要弄清楚，对方是什么人、用什么样的方式跟我们沟通，这些都不重要。我们要做的只有一件事，就是解决眼前的问题，获取属于自己的利益，满足自己的需求。

如果我们跟对方沟通一件事情时，对方跟我们吹胡子瞪眼，拍桌子大呼小叫，情绪非常激动，甚至要对我们进行人身攻击，这时我们该怎么应对呢？

有些人觉得，他对我喊，我也对他喊，他敢拍桌子，我也拍回去；还有人觉得，我不跟他一般见识，我直接离开，不跟他谈。这些应对方法可能让我们当时解气了，却不能有效解决问题，更不可能拿到属于自己的那份利益。当然，也有人认为，我不管对方是什么人，我就好好跟他谈，告诉他大喊大叫是不对的、没有素质的，我们应该坐下来好好解决问题。这种方式看似不错，其实仍然无效，对方反而可能认为我们软弱好欺。

要有效应对进攻型沟通对象，我在这里分享一个总原则，就是：我看着你表演，表演完后我们再谈事情。

很多时候，对方表现夸张，甚至出现攻击性行为，一般有两个原因：一种就是他故意的，比如，特朗普会故意做出一副夸张的样子来；另一种就是这个人的行事风格便是如此，这可能与他的成长经历、家庭环境，或者曾经遇到的困难有关，比如一些特殊的成长经历导致他的情绪不是很稳定。但这些情况都与我们无关，我们只是来沟通问题的。遇到以上情况，我们就让对方尽情表演，表演完后，再继续与对方谈问题。

这种原则不但可以在工作中使用，在家庭关系、恋爱关系、亲密关系中也都可以使用。比如在家庭中，如果一方特别不讲理、特别有进攻性，甚至利用亲人关系、亲密关系等去压迫另一方时，另一方的应对方法就是不要跟着他（她）的情绪走，既不拂袖而去，也不跟他（她）争吵。如果双方之间真的存在问题，就等对方的激烈情绪缓解后再沟通和解决问题。

这种沟通方式其实是很强硬的，虽然我们不跟对方拍桌子大吼大叫，也不跟对方硬碰硬，但不管对方如何表演，我们都始终坚持自己的沟通目标和追求。对方的态度丝毫不能动摇我们解决问题的态度和行事方式，所以，我们才是沟通关系中的主角。在这种强硬态度下，最后反而是对方先动摇，因为对方发现自己动摇不了我们，而且我们的强硬态度还有理有据。我们的依据就是彼此间的利益和需求。倒是对方那种狂风暴雨式的强硬态度缺少根基和依据，只能坚持一时，不能持续长久。相比之下，我们显然是赢家。

需要注意的是，面对对手给予我们的压力，我们不卑也不跑，这是一个高水平沟通者的态度和方式。不过，不卑不跑不代表我们不能暂停这场沟通，相反，如果对方情绪过于激动，我们也可以要求暂且休息一下，出去买杯咖啡，或者运用有些书上讲的"阳台策略"，表示出去透透气。这些行为都表示我们不接受对方的态度，因此暂时停止沟通，但我们并没有把这场沟通画上句号，而是等对方情绪平静下来后再坐回来继续沟通。

威胁和虚张声势

在沟通对话过程中，喜欢给对方施压的进攻型沟通者，最常见的沟通方式就是威胁和虚张声势。面对这两种场景时，我们也要区别对待。

1. 用周旋和拖延应对威胁

在沟通场景中，有些人动不动就威胁别人："如果你不……我就把你……"其实在大多数情况下，这种威胁没什么实际意义，也并不能真的震慑住对方。退一步来说，就算真的能镇住对方，对方不得不接受一个非常不愿意接受的结果，屈从于威胁的一方，威胁的一方也可能从中得到一些实质利益，但关系利益却因此而被破坏了。一旦关系利益被破坏，双方沟通达成的成果和未来执行就会面临巨大风险。一旦对方有了其他更好的选择，这个在威胁之下签订的"城下之盟"就很有可能作废，因为对方认为这是个不平等条约，现在终于有机会将其废除了，对方也一定会毫不犹豫地将其废除。

所以，在沟通过程中，威胁别人不是一种好的方式，最好不要使用。当然，我们不使用威胁手段，不代表别人不使用。别人对我们发起的攻击和威胁一般分两种情况。

第一种情况，对方发起了一个与他要求的利益完全不相称的威胁，或者他说了一个我们完全不在意的后果。比如，我的一位朋友爱吃火锅，他有个小孩，每次他不让小孩看动画片时，小孩就威胁他说："你不让我看动画片，我以后就再也不让你吃火锅了。"这就是不相称的威胁，根本影响不到我们，我们一笑置之就可以了。

第二种情况，对方提出的威胁确实很关键、很重要。比如，在和一个劫持了人质的暴力分子对峙时，警方就处于一个非常不利的地位。这时，警方不能直接向对方妥协，但也不能与对方硬碰硬，一个更有效的应对方法就是拖延和周旋，先稳住暴力分子，以拖待变。比如多问暴力分子几个问题：你为什么这么做？你家里还有没有其他人？你想见什么人，我们给你找来？你还有什么要求，尽管提出来？等等。

在生活和工作中，我们如果也被别人威胁，处于不利地位，但又想避免最坏的结果出现，同样可以用这种方式应对。比如，一个客户没好气地对我们说，如果我们不把产品价格降到一定水平，或者不承诺独家向他供货，他就不跟我们签合同，不采购我们的产品。这时，我们先不要着急，不能马上向对方妥协，但也不要跟对方据理力争，而是跟对方周旋和拖延。比如，我们可以平静地询问对方为什么提出这样的要求，是否有其他因素导致他这样做。如果对方仍然不依不饶，我们也可以说："如果今天您一直这么激动，那我们就先暂停沟通，下周我再约您吧。"在这一周里可能会发生一些其他事情，使情况出现转机。

2. 回到问题本身，应对虚张声势

有些人很喜欢在沟通中虚张声势，想通过这种方式给别人造成一种假象，致使对方信以为真，使最终结果有利于自己。它也分为两种情况，一种是外表的虚张声势，另一种是在沟通条件上虚张声势。

外表的虚张声势不难理解，就是用特别好的办公环境，或者是名车、名牌服装、名表等提升自己的身价，"镇"别人一下。现在很多公司都会选择在比较高档的场所办公，有些公司还会设计一个很宽畅、很高级的前台，为什么要这样做？目的就是要显示自己的业务做得很好，是个非常有实力的公司。还有些人会用各种奢华的东西装饰自己，展现自己的优势，想用气场压制对方。

在与对方沟通谈判时，我们不要被这些外在的虚张声势吓住，否则对方的目的就达到了。我们要直接面对需要解决的问题，忽视这些外在事物的影响。记住，这些外在的东西与我们具体要沟通的问题没有任何关系，因此也根本没必要去关

注它。

　　沟通条件上的虚张声势，就是故意提出一些很高的条件，或者提供一些真实与虚假掺杂的资料，让人觉得遥不可及，很难与对方达成一致。最后即使对方适当降低了条件，彼此达成了一致，我们可能也会在那个特别高的开价对比之下，觉得这个交易很值得。这就是特朗普经常讲的一种策略，也是营销学与心理学上常用的一种手段。

　　以上两种虚张声势的行为，是那些主张压力沟通、激进谈判的人常用的沟通策略。我们要提前将其识别出来，并做好心理准备，一旦遇到，不要轻易为对方所诱导。忽略这些表面问题，回到我们既有的策略和战术之上，回到我们的利益和需求上来，时刻围绕这个重点来跟对方沟通，才更容易拿到满意的结果。

特朗普的战术

　　特朗普写过一本书，叫《交易的艺术》(*Trump: The Art of the Deal*)，讲的主要是他的沟通和谈判理念。书中有这样几个理念，我们在此分析一下。

1. "开价"要高

　　特朗普经常说，在沟通中一定要"敢开高价"(think big)，让对方觉得这个交易不易达成。这样，等自己稍稍降价或做出让步后，对方就会赶紧抓住机会成交。如此一来，自己的目的就达到了。

这种极端的高开价方式就是一个虚假的锚点，目的就是让对方上钩，主动答应对方开出的较高的条件。

2. 向对方展示强大的最佳替代方案

在沟通谈判时，特朗普经常会做出一副无所谓的样子：这笔交易对我来说无所谓，能不能成交都没关系，影响不了我什么。这就是在向别人展示自己具有非常强大的最佳替代方案。为什么这个谈判对我来说无所谓？因为我的最佳替代方案特别好，所以能不能跟你成交都没关系。

实际上，在沟通谈判中表现出无所谓的人，大部分时候都是假装的。当然，不同的沟通对有些人来说很重要，对有些人来说可能没那么重要，但只要进入沟通环节，双方就会有利益诉求和共同利益。所以，就算对方表现得无所谓，我们也不要被对方唬住，他其实并不是真的无所谓。

3. 故意做出癫狂举动，打乱对方节奏

特朗普在沟通谈判中经常做出一些看似癫狂的举动。比如，他先提出一些看似不可能达成协议的条件，双方就此展开谈判，但在这个过程中，他会突然袭击你一下，提出另外的条件，打乱原来的节奏，让人一时难以招架。比如，双方明明在谈贸易问题，他突然间又提出了关税问题，甚至趁机将之前谈

好的内容突然推翻。这就是特朗普式谈判惯用的打法。

之所以做出这些举动，其实是想给对方造成一个假象，就是：我是不可捉摸的，你要讨好我，顺着我的节奏走。这也是沟通谈判中战术运用的一部分。

4. 不停地宣传自己

特朗普在书中提到，一定要不停地宣传自己，多上镜，多刷存在感，让别人对自己印象深刻。比如，他在竞选美国总统时就一直在说，自己要在边境建一座隔离墙，用来挡住非法移民。当时大家都觉得建隔离墙是不现实的，这个想法很疯狂，但他不停地说、不停地强调，最后不管是支持他还是反对他的人都得出了一个结论：特朗普是最关心移民问题的政治家。

我们在工作中也经常遇到这样的人，比如有的人不论是在会议室还是在谈判桌上，都会反复不停地强调一件事，甚至是比较离谱的事，为此还可能招来别人的谩骂，但他们根本不在乎。这就是想把自己树立成一个在某些问题上最有发言权的人，以后谁提到这些问题都会看他一眼，或者考虑他的意见，这时他的目的就达到了。

以上这些特朗普式的沟通方式，我们在平时的沟通中也会经常遇到，有时可能还会觉得对方是在无理取闹，但其实他们很清楚自己在干什么。在跟这类人沟通时，一旦我们被对方拿捏住了，情绪被对方压制下来，他们就会很开心，最后我们也可能被对方带入他们的节奏当中，丧失主动权。

面对以上这些压力对话，我们不但要识别出对方的策略，弄清对方背后的动机，还要准备好应对方案。一个重要的回应方式就是做到有理、有利、有节，允许他表演，我们不要在意，也不要被他带跑，而是耐心地等他表演够了，再继续回到我们的节奏中，该怎么谈还怎么谈，这样才不会中了对方的圈套，被对方牵着鼻子走，而是让沟通一直循着自己的思路和节奏进行。

情绪把控：如何应对冰冷"机器人"和情绪炸裂者

　　沟通容易受到双方情绪的影响，比如有人说，我就没有办法跟有情绪的人沟通，一说话就非常激动，根本无法正常交流；还有人说，一旦对方非常不理性、不讲理，我就很生气、想发火。

　　每个人都有情绪，有时在沟通中也难免会被对方的情绪影响，或者因为某些原因控制不住自己的情绪，影响沟通的顺利进行。实际上，情绪是可以引导和把控的，不论是对方的情绪还是我们自己的情绪，一旦发现它影响了沟通的正常推进，我们就要及时寻找情绪背后的真实原因，继而找到恰当的应对方法和角度，把沟通对话重新拉回到乐观耐心的正轨上来。

对话的开始是识别情绪的良机

在不同的沟通场景中，情绪产生的点和表现方式是不一样的。比如在生活场景中，恋人之间、朋友之间、家人之间等的沟通关系经常有很多情感因素，人与人之间有特定的情感连接时，往往更容易产生情绪。而在工作场景中，由于大家谈论更多的是工作，彼此间特定的情感连接没那么重，所以即使产生情绪，也只是由沟通内容或沟通方式所引发，并不会基于彼此间关系本身引发情绪。

不过，无论是生活中亲密关系之间的沟通还是工作中的沟通，当有情绪出现时，我们的首要原则都是有效应对情绪。如果是对方产生了情绪，我们就用自己的同理心理解他的情绪，然后再说需要沟通的事情。简单来说，就是先处理情绪，再处理问题。

有些沟通在刚开始时，双方是没什么情绪的，都是比较理性地谈问题，但有些沟通却是一开始就带着情绪的，如果不能先处理好情绪，后面的沟通就会很难推进。所以，沟通一开场（一般在开始的 5 ~ 10 分钟里）是我们识别情绪的一个很重要的时间段，我们能不能捕捉到这场沟通中的情绪是非常重要的。

在不同场合，沟通开场也是不一样的。比如在亲密关系中，两人说话聊天，开始说的可能都是些生活琐事，而不会一开始就进入重要话题，之后说着说着，才会逐渐意识到某个问题，然后出现一些情绪。所谓的关键性沟通是在这个时候形成的，两个人也容易在这个时候开始带着情绪进行沟通。

在工作场合，无论是开会、谈判还是跟客户沟通，大家坐下来一般会先寒暄几句，寒暄内容和时长取决于双方的关系、熟识程度和文化环境等，比如中国人坐在一起总会先聊几句再进入正题，而德国人和很多从事商业的美国人就不太寒暄，坐下后很快进入正题。

事实上，开始的寒暄也可以透露出一些情绪信息，这是我们感受情绪的一个较好的机会。如果我们和对方见面后，想跟对方寒暄几句，却发现对方根本不接我们的话，上来就说正事，那么对方可能是带着一定情绪的。他觉得自己跟你没那么熟，也不想跟你聊天寒暄，就是要跟你谈正事。这时情绪就很明确，我们也可以感受得到，但我们也不必太把对方的情绪放在心上，因为我们的基本核心理念也是谈事情，只要对方能坐下来跟我们认真谈就可以了。这里有一点要注意，对方既然带有情绪，那么沟通过程中的某个问题就可能成为引发对方情绪的导火索。为此，我们也要提前做好应对准备。

在多方参与或团队参与的沟通中，一开始可能会有各种各样的情绪交织其中，这时大家都需要一点时间处理情绪，等情绪平复后，各方再进入沟通的主基调中。

在一个多方会谈的场合，大家一起走进会场，结果发现，两边沟通的主要负责人互相并不认识，但双方的律师、会计师等都是熟人，一起做过项目。这时，熟悉的人很容易热络起来，而带队的负责人反倒被晾在一边。这时，只有当双方负责人开始谈事情了，沟通才能算进入主基调。

比如，各方陆续进场后，一方团队中的律师发现对方团队中有自己的同学，于是两方律师便很热闹地聊了起来。然而等谈判开始后，双方的代表就非常不客气地开始互相指责，这时，刚刚进入会场还很热情聊天的两个律师就感觉有些尴尬，才明白双方的关系原来并不友好，这就使他们刚才热络的寒暄显得不太合时宜。

所以，想要让沟通比较顺利地推进，一开始时就要识别对方的情绪，看看对方情绪是好还是坏。如果发现对方情绪不错，可以适当寒暄一下，让彼此关系更融洽一些，后面的沟通也会比较容易进行；如果觉得对方不太友好，甚至是来者不善，那就尽量减少寒暄，直接进入沟通主题。

对方情绪的处理

在日常生活和工作中，我们会遇到各种各样的情绪问题。比如，亲友之间因为某个问题沟通不畅，就可能出现生气、伤心、愤怒、激动等情绪；在工作场合中，上下级之间、同事之间等也容易出现生气、愤怒等情绪。这些都是不可避免的。

不过，每个人表达情绪的方式不同，有的人会面沉似水地生闷气，有的人则会以大声喊叫来表达愤怒。但不论哪种情况，一旦对方表现出明显或激烈的情绪时，我们就不要迎着对方的情绪，跟对方硬碰硬，或者跟对方讲道理，指责对方不应该有情绪。要知道，人在气头上是很难接受别人的意见的，这样只会令情绪升级，不利于问题的解决。

此时，恰当的处理方式应该是允许对方表达情绪，因为发泄情绪的过程本身也是在缓解情绪对自己的控制。而且对方在发泄情绪时，我们也可以从中找到他生气、愤怒、不满的原因，比如可能是他的利益、需求等被忽略或否认了。这样，等对方发泄完，情绪平稳下来后，我们就能针对对方真正关切的内容进行耐心沟通了。

分辨情绪的类型

沟通过程中出现的情绪一般分为三种情况：第一种情况是对方真的有情绪，真的很生气、很愤怒；第二种情况是对方故意演给我们看，用生气、愤怒、不满等情绪给我们施压，迫使我们向他的条件妥协；第三种情况是对方就是个情绪容易波动的人，跟谁说话都这样。

那么，面对以上三种情况，我们要如何应对呢？

对于第一种情况，我们不妨换位思考一下：在当前的场景下，如果我是他，我会像他这样生气吗？如果我们的回答是"会"，那说明对方真的有了不好的情绪，他的利益或需求也许真的被忽略或否定了。接下来，我们就从这里入手开始沟通。相反，如果我们的回答是"不会"，那我们就可以运用面对第二种情况的方法。

对于第二种情况，我们可以观察一下，对方是不是在表演。如果是，我们就看着他表演，表演完后，再继续回到沟通正轨上；如果不是，我们就运用面对第三种情况的方法。

对于第三种情况，我们可以判断一下，对方是不是就习惯这样表达，他对别人是不是也这样，而不仅仅是针对我们。如果是这样，我们就只能让自己习惯对方的这种表达方式了。

在多数情况下，以上三个层次的问题稳下来后，我们大概就能明白对方产生情绪的原因到底是什么了。当然，为了弄得更清楚，我们也可以顺着对方的情绪问几个问题。

针对第一种情况，我们可以问："您刚才那么生气，现在有什么想做的吗？""您是想休息一下喝杯咖啡，还是先去吃点东西，回来再接着谈呢？"

针对第二种情况，我们可以这样问："您有什么是希望我们做的吗？""我们能做些什么，让您从刚才那种不好的情绪中走出来呢？"

针对第三种情况，我们可以问："刚才让您生气的这件事可以过去了吗？""咱们现在来说说怎样让刚才这页翻过去，我们继续谈下面的问题吧！""您觉得还有什么需要澄清或说明的吗？或者您还有想要表达的吗？"

虽然对方此刻可能正处于不好的情绪中，但听到我们真诚的询问和关心，情绪也会渐渐平稳下来，之后也会配合我们继续下一步的沟通。

劝解的方式

在一些沟通场景中，如果沟通双方因为某个问题产生了较大的情绪，我们可能会作为第三方去劝解。这时需要注意，我们完全是出于好心去劝解双方，如果方式不对，不但不能平息双方的情绪，还可能引火烧身，使双方的情绪都转向我们，让我们有口莫辩。

比如，甲和乙两个人正因为某个问题闹情绪，甲冲着乙大发脾气。这时，我们过来跟甲说："你没必要这样发脾气！"殊不知，这句话对甲来说就是在否定他，他也很可能会转过来冲着我们说："你不在我的位置，怎么知道我没必要发脾气？你懂什么？"不仅如此，处于气头上的甲还可能认为我们在拉偏仗，是在帮乙而不帮自己。我们明明是在劝解，最后反倒惹怒了甲。

那要怎么劝解呢？

就用上面提到的方法，我们先分辨一下情绪的类型。

首先，我们把自己代入甲的位置，问问自己："如果我是甲，对这件事会有很大的情绪吗？"

其次，仔细观察一下，看看甲是不是在故意表演。

最后，评价一下甲这个人，他平时都是用这种方式表达的吗？

　　弄清以上三个问题后，我们就会找到甲真正的情绪来源。这时，如果我们还想劝解，不妨等两个人的情绪平复之后，再运用化解三种情况的相关问题去解决双方情绪上的对抗，而不要在双方情绪都处于最激烈的状态时直接去劝解，这是无法帮助双方缓解情绪的，也更劝不住双方的争吵。

自己的情绪

　　在关键性沟通中，除了要关注对方或其他参与方的情绪，我们还要关注自己的情绪，有时我们自己的情绪可能更复杂。对方的情绪不管是微妙的还是激烈的，只有表现出来，我们才能感知，而我们的情绪是时时刻刻被感知的，要想把它捋顺、放平稳，往往更困难。

　　前文说过，在情绪问题上，我们要升级自己的"雷达系统"，将只照向自己的"1.0版天然情绪雷达系统"升级为扫描对方的"6.0版感知雷达系统"，但这并不是说让自己的"雷达"向外扫描后，自己的情绪就不存在了。我们的情绪依然存在，只不过我们不再把全部精力都用来关注自己的情绪而已。我们都是从一个靠本能反应的自然沟通者慢慢成长为沟通高手的，在这个过程中，控制好自己的情绪非常重要。

　　在这里，你可以总结一下生活和工作中容易引起自己情绪爆发的点，然后列一份情绪清单，对照这个清单去了解自己在哪些时候最容易情绪崩溃。我就给自己列过一份沟通中的情绪清单。

首先，我最不喜欢的就是明明已经有结论的事情还要拿出来反复说。有几次开会和谈判，都是因为这样的事让我很生气，导致我说话不太客气。其实这样的事还有很多，比如某个人明明已经同意了一个观点，但一转眼就改变了主意，然后再把这件事拿出来讨论，再提一个观点。但后来我也意识到，别人有权利改变主意，我不能阻止人家，所以我提醒自己要注意这方面的情绪问题。

其次，我不喜欢说话傲慢、颐指气使、严重以自我为中心的沟通方式。遇到这样的人，我就会反驳几句，以其人之道还治其人之身，但事后想想又觉得没必要。

当我列出自己的情绪清单后，我就知道自己在以上两点容易产生不良情绪，所以每次沟通之前，我都会先想一下，如果有人翻来覆去地谈一个问题，我可以直接告诉对方，不要浪费时间再谈同一个问题，我也告诉自己，不要跟对方发脾气。如果沟通者说话傲慢、态度不好，那就看着他演戏，我们不能改变他，就任由他演下去，等他演完了，我们再继续沟通，但没必要跟对方发脾气。

当然，要控制好自己的情绪，平时也需要多加训练。在这个过程中，我们还要明确一点，就是不要把情绪当成纯负面的东西，它也有很多积极因素，主要包括以下几个方面。

1. 将压力变为动力

当我们在沟通中感觉到情绪压力时，不要把这种压力变成沮丧，而要将其变成一种动力。也就是说，让这种情绪促使我们提前准备，仔细收集信息，做好沟通预案和策略安排。

2. 为关键性沟通助力

当我们有情绪并用适当的方式表达情绪时，其实可以为我们这次关键性沟通增加色彩和助力。

比如，对方没有认真看我们的方案，就草率地下结论说："我认为你的方案缺少诚意。"这句话可能会让我们感到很委屈、很生气，那么此时我们就可以回应对方："您的话让我们非常难过、非常委屈，我们大老远跑来跟您沟通这个问题，就是带着诚意来的！"用这种情绪表达自己，既可以把对方说得不合适的地方用自己的感受描述出来，也能让对方觉察到我们的态度和情绪。好的表达就是观察加感受，再加上具体要求，所以这时我们要表达自己的感受，而不是评判对方的言论。比如，说对方这样说太武断、没道理，这就是在评判对方，是不合适的；而我们说对方的话让我们难过、委屈，就是在表达自己的感受，这就是恰当的，可以促使对方重视与我们的沟通，认真看我们的方案。

3. 增加彼此间的亲切感

良好的关键性沟通既要有权威感，又要有亲切感。我们说一句话能得到对方的认同，一方面在于我们的话说得有道理、权威，另一方面则在于我们不招人反感，让人感觉亲切，愿意亲近，觉得彼此是相同或相似的人。观点和想法相似的人之间是最容易说服彼此的，也是最容易让对方接受的。

要增加彼此间的亲切感，一个小窍门就是适当地表达自己的小情绪或小弱点。比如，我们在跟一些客户沟通谈判时，有些很善于沟通的对方代表在见到我们时就会说："我都没怎么跟律师说过话，一坐在律师对面就感觉紧张心慌！"你看，他通过放低自己的姿态，暴露一下自己的弱点和情绪，既尊重了对方，又增加了亲切感。还有的人会说："您可别催我，我这人一被催就慌，一慌我就要掉眼泪。"这也是在用小情绪增加亲切感，拉近双方的距离。

如果我们总是高高在上，一副拒人千里之外的样子，对沟通是没什么好处的，只会增加别人的反感。稍微有点小情绪，或者运用自嘲、幽默等方式恰当地表达出自己的一些小缺点，反而更利于沟通的顺利推进。当然，暴露小情绪、小缺点也要适可而止，不要总把自己的情绪暴露在整个沟通现场，那样就适得其反了。

文化差异：无声的语言也可以很有力量

　　关于沟通中的文化差异，不同的人有不同的观点。比如，有些人主张忽略沟通中的文化差异，在他们看来，不管你是谁、文化水平什么样，我只跟你沟通主要问题；还有些人认为，与文化背景不同的人沟通是一件很难把握的事，对方怎么想的、想要表达的是什么，自己都把握不准。

　　以上两种观点都比较极端，也都不是恰当的处理不同文化背景下沟通的方式。我们不能忽略其他人的不同文化背景，因为文化最终表现出来的就是行为举止、思维方式等，这些都是沟通中非常重要的因素。同样，我们也不要觉得文化差异是一个特别难琢磨的事，因为它是有办法进行分析和理解的。只要我们掌握的方法科学恰当，就可以找到并掌握剥开文化谈利益的基本方法和思路。

　　接下来的内容，就是让我们走出文化差异的迷雾，学会与不同文化背景的人顺利沟通，并使沟通最终回到利益调整、满足需求的根本理念上来。

待人接物

文化差异具有很多明显的观察点，通常我们一眼就能看出来，就像在京剧《大登殿》中，番邦的代战公主唱的那样："他国我国不一般。"这就是代战公主对于国家之间具有明显文化差异的一种观察体会，"他国"人穿的是绫罗缎，"我国"人穿的是羊毛毡，这种服饰上的不同体现的就是文化差异。

我们在沟通过程中也要多观察体会不同对手间的文化差异，其中一个关键点就是从待人接物的角度进行观察。一般来说，不同国家、不同民族在待人接物上的差异主要表现在以下几个方面。

1. 问候问好

国际上问候问好通行的方式就是握手，有一些国家也会用鞠躬的方式表达问候，如日本、韩国等，不仅见面时会鞠躬，告别时也会鞠躬。我之前曾看到我们几个做日本业务的合伙人，在送几个日本客户上电梯准备离开时，日本客户就围着电梯间站成一圈，与我们的合伙人互相鞠躬，鞠躬完成后才上电梯离开。这就是不同文化礼仪的表现。

还有一些国家，在待人接物时会以贴脸、亲吻的方式表达友好。不过，贴脸、亲吻也有特别的讲究，有贴脸方向不同的，也有亲吻次数不同的。

当然，面对来自不同国家、不同文化背景下的沟通对象时，我们可能一时间不知道如何与对方表达友好，这也没关系，只要多学习、多请教、多练习就会了。我在国际律师组织 Multilaw Academy 上课期间，经常会与来自不同国家的青年律师进行交流，询问一下他们国家的人都是如何行礼、如何表达友好的，大家在一起交流得很热烈。所以，这种请教就不失礼。但是，如果我们想当然地用自己的方式去与对方打招呼，反而可能容易冒犯别人。

2. 正视的程度

正视的程度也是一个重要的文化表征，比如过去大家第一次见面时会互发名片，现在很少发名片了，见面通常会加微信。

以前发名片时，有的人会把自己的名片双手递给对方，对方给我们名片时，我们也会非常有礼貌地接过来收好。但美国人在发名片时就很随意，他们先拿出几张名片用手捻一下，然后放在桌子上再用手一划，就像拉斯维加斯赌场里发牌人员发牌一样，把自己的名片发出去。他们不会觉得名片上有自己的名字，发的时候就要端庄尊重一些。同样，我们把自己的名片递给他们时，他们也是随便一放，有时可能还要在上面备注几句，便于自己记忆。这就是不同文化背景下的人对待名片的正视程度不同。

3. 对身体接触的态度

在不同国家、不同文化背景下，人们对待身体接触的态度也是不同的。有的文化中，两个人可以互相触碰，甚至勾肩搭背都可以，但有的文化就很忌讳身体接触，哪怕距离稍微近一些都感觉不适。

4. 眼神接触

我们中国人看人说话时，比较礼貌的方式通常是注视对方眼睛至嘴巴的"三角区"，这个区域也被称为社交凝视区。但是，我的一些南美律师朋友说，在他们那里，如果跟人说话时不紧盯着对方的眼睛，对方会认为我们走神了。

这就是在不同文化背景下沟通时眼神接触的差异。

5. 情绪的表达

在有些国家里，人们特别喜欢有情绪的表达。比如我们看意大利、拉美国家的人说话时就会发现，他们的手势、语气、表情等所表达出来的情绪都十分饱满。

6. 对沉默的态度

不同文化背景的人，对于沉默的忍受程度也是不同的。比如，美国人就不喜欢在沟通过程中保持沉默，一旦沟通陷入沉默，他们就会显得不知所措。而在我们东方文化中，大家好像并不太在意沉默，即使坐在一起一言不发，有时也不会觉得难受。

7. 身体语言

身体语言可以表达出很多内容，如紧张、担心、松弛、得意等。除此之外，手势也是一种身体语言，有些人在说难听的话时，就会对应着用上某种手势。

8. 饮食方式

不同的文化背景，饮食方式也是不同的，当然中餐、西餐的吃法不同，这点大家都知道。此外还有一些其他细节，比如我们吃米饭时，会习惯一只手端碗，一只手拿着筷子来吃，而西餐中很少有端着碗吃饭的习惯。

此外，餐厅等位也有很多不同。在我们国家，去餐厅吃饭时基本是看到空桌就直接坐下，需要领位的餐厅属于少数，而在有些国家，如英国、日本等，客人一定要站在门口等着领位，餐厅内的服务人员会带着客人去找座位。另外，称呼服务员的方式也不一样，在英国等欧洲国家，客人一般不会直呼服务员，而是等着服务员主动来服务，客人直接举手喊服务员是不礼貌的。

我有一位马来西亚朋友，在英国当律师，他的爸爸是马来西亚的一位外交官。他跟我说，每次他爸爸到英国看他，两人一起去餐厅吃饭时，他都很紧张，因为他爸爸习惯用马来西亚的方式举手喊服务员，这让他感觉很尴尬。

以上几点是比较常见的不同文化背景下待人接物的差异，我们在沟通过程中，一定要把这些内容考虑进去。这既是一种礼仪，也是保证正式沟通可以顺利进行的前提。

无声的语言

在文化差异中，一些无声的语言同样可以表达出不同的含义和情绪。有时候，在一种文化中我们很熟悉的事情，放在另一种文化中可能表达的意思就不一样了，所以，我们不能想当然地认为自己这样想、这样说，别人也会如此，更不要以为别人会认同。想要跟不同文化背景的人实现顺畅的沟通，就要用开放和尊重的心态去积极地观察、了解，弄清对方是如何表达、如何办事的。尤其是一些无声的语言所表达的含义，更需要我们去观察和了解。

通常情况下，至少有 7 对概念作为无声的语言，是我们在不同文化环境下的沟通中可以使用到的。

1. 交易关注和关系关注

在需要沟通的情况下，有些人一见面马上就能进入正式话题，有些人则更注重先建立良好的关系，然后再顺理成章地进入需要沟通的话题中。正因为如此，大家对于合同、白纸黑字等会有不同的态度。在西方的很多地方，大家制定合同时，往往会把合同写得非常详细具体，而在我们东方，尤其在以前，大家签的合同一般就是一页纸、几句话，双方签个字，就算是签合同了。大家都有这种心态：我们关系好时，合同其实没什么用；关系不好时，合同也没什么用，约束不了什么。这种不同的心态也造就了长短非常不同的合同。

芬兰的一位律师朋友曾跟我说，芬兰是个文化非常独特的国家，在芬兰文化中就没有谈判这回事，基本上双方见面直接开价提条件，并且全是实际价格，提完后对方觉得行，那就合作，不行就结束。很显然，这就是一种只关注交易和不太关心关系的沟通风格。

2. 直接表达和间接表达

这对概念指的是沟通中表达方式的差异，有人喜欢直接表达自己的想法、观点等，有人则更喜欢用婉转的方式来表达。也有人将直接表达叫作低语境表达，将间接表达称为高语境表达。

3. 谦虚和自夸

对于谦虚和自夸这两种表现，在不同的文化和语境中，也有不同的评价方式。在很多国家，大家都认为谦虚是一种美德，比如韩国人在表达和沟通中通常都会很谦虚，韩国的律所在讲自己的业绩和业务能力时也都比较谦虚。

一位在韩国一家大型律师事务所工作的中国律师，跟我分享过他经历过的一件事。当时这个律所曾向一家中国颇有名气的大机构展示自己的业务能力，想拿到该公司一个很重要的项目。中国公司在跟这家韩国律所沟通时，就问他们："你们觉得这件事难度怎么样？"结果韩国人回答说："这件事难度非常大，但我们会尽我们的全力。不过，也有不成功的可能，业务挑战非常多。"这在韩国的表达方式里是很恰当的，但在中国公司面前这样表达就不太合适，因为中国公司会觉得韩国的这个律所业务能力不行，既然没把握办成，我为什么还要花钱聘你们呢？如果是中国的律所，可能就会这样回答："这件事虽然有难度，但我们能搞定。"至于是不是真的能搞定，那就另说了。

你看，这就是由双方之间文化差异引起的表达方式的不同。如果不能了解这种差异，可能就无法判断出对方所要表达内容的准确性和真实性。

4. 个人主义和集体主义

我们在看好莱坞电影时会发现，美国文化很崇尚个人英雄主义，讲究单打独斗，这就是他们处理问题的方式。中国文化更崇尚团队精神，即使有一个英雄人物出现，一般也会有团队、组织、领导、同事等共同助力。这也是一种文化差异。

5. 对合同的尊重和不尊重

这一点既与关系、交易的文化传统有关，也与是否具备可靠的司法系统有关。如果沟通双方的合同写得非常仔细，一旦后期双方出现争议，甚至闹上法庭，法官就会严格按照这份合同去判决，这时双方花时间把合同写仔细就是有意义的。但如果法官并不看重合同，只按照自己的思路去判决，在这样的司法系统下，就不会出现很复杂和具体的合同，因为合同没有太大的法律效力。

是否尊重合同，也就是我们常说的是否有契约精神。我们经常看到一些案例，明明合同都履行完了，价钱也谈好了，但一方会返回来继续砍价。还有个笑话说，你跟对方都签完合同了，对方才正式开始跟你谈判。

我有一位在国际公司工作的朋友，他们曾给一家大型企业做一项工程，工程报价和各种细则在合同中都写得十分清楚明确。工程完成后，他们给对方发了一份账单，对方企业突然邀请他们过去开会谈一谈。他们感到很奇怪，明明各项细节在合同里都写得清清楚楚的，还有什么可谈的呢？抱着忐忑的心情，他们来到对方企业，结果被告知：合同只是参考，价钱还要重新谈。这就是缺乏契约精神，更是完全不尊重合同的法律效力。

6. 确定性和不确定性

在沟通过程中，我们无法追求完全的确定性，因为生活本身就充满了不确定性，但在不同的文化环境里，尤其是在不同的商业环境里，确定性和不确定性是具有非常大的差距的。

律师在做跨境投资项目的时候，可以非常明确地感受到，不同的国家和地区的法律与投资规范的确定性是有很大差距的。有些市场经济已经发展较长时间的国家和地区，确定性较高，一定的规则已经持续运行了多年，有许多现成的案例可以参考。另外一些国家和地区，特别是新兴市场国家或者政治经济变化比较大的国家，规则建立并不完备，也没有什么先例可以参考，很多事情要试着做，甚至要有所突破，这样的地方的确定性就低。

但是确定性不见得就一定好，不确定性也不见得一定不好。往往缺乏确定性的地方，是市场机会比较好的地方。确定性高当然是一种优点，但是也意味着这个市场比较成熟，对于后进入者机会不多。

7. 守时和不守时

在不同的文化环境中，对于时间的守时情况也会表现出一定的不同。

我们做律师培训时，经常会做一些公益活动。有一次，我们在英国培训，培训前给学员发了邮件，询问学员谁去参加公益活动。公益活动是前往一所残障小学，帮助学校维修和粉刷课桌等，因为学校需要接待，所以要事先统计好人数。在邮件里，我们给了一个报名截止时间。等到要去学校这天，我发现有一位芬兰的律师没去，我就问他为什么没去，他告诉我，等他看到邮件时，报名时间已经截止了，自己就没报名。但是，另外一位葡萄牙的律师跟我说，他就是在截止时间之后报的名，我们也把他加上了，他也参加了活动。

从这个案例就可以看出，不同文化背景的人，对于"截止时间"这个概念的理解是很不一样的。芬兰人对时间标尺卡得很严格，你给我一个截止时间，时间一过，我就不报名了；而葡萄牙人觉得，这个时间并不重要，就算时间过了，我还是想报名。

时间的文化维度既有守时与否，也有对于私人时间的尊重，还有对于所谓"最后期限"的理解等，我们在沟通过程中一定要认真注意这几个角度。

以上 7 对概念可以帮助我们更好地在沟通中观察无声的语言，从而保证在不同文化背景下更加顺畅地进行沟通交流。

文化差异的误区

作为一种不够具体的事物，文化差异是比较难把握的。它一般存在于人们日常的待人接物过程中，有时只是一闪而过，如果我们没有及时捕捉到，就难以准确地把握，即使事后总结出来了，也已过了当时的情境。这就需要我们平时多训练自己对文化差异的敏感度，多观察，多思考，多总结，以便可以在沟通中更加及时准确地分析和解释与我们文化不同的对话者的真实利益和需求。

需要注意的是，关于文化差异问题有两个重要误区，我们在沟通时要尽可能避免。

第一个误区：个人的行为和言谈举止不一定属于文化问题

前文我们说过，特朗普的表达方式很具个人风格，但他的风格不能代表美国文化。在美国文化中，虽然有很多与特朗普相似的人，但也不能将这些人完全归为文化代表者。我们在与美国人打交道时，如果预期对方都是特朗普式的沟通风格，那就走入了刻板印象的误区。美国不喜欢特朗普、不赞同他的表达方式的也大有人在。

还有一些朋友跟我说，他们遇到的某些行业内的沟通对象特别没有文明素养，甚至在谈判桌上出言不逊，为此，他们就总结出来说：这个行业中的人都是文化素养很差的人。这也是一种武断式的结论，将某些人的不文明行为当成了一种文化现象，其实两者是不能画等号的。

文化是一个集合，如果一群人里很多人都这样行事，那也许是一种文化。比如有些所谓大厂，我在跟这些大厂代表打交道时，他们经常说的一句话就是"我们这么大的公司怎样怎样"，这就形成了他们的一种文化。

第二个误区：不要把文化差异的分析和辨析当成沟通的终点

我们之所以研究和分析文化的差异，目的是要超越这种差异。文化差异就像一层面纱，我们要揭开它；它又像是一团迷雾，我们要把它吹散。我们在揭开它、吹散它之后，看到的就是具体的利益和需求，从而最终回到沟通的核心理念上来。文化就像是一面放大镜或哈哈镜，把沟通双方所要表达的根本利益和需求变形了。如果不能意识到彼此间的文化差异，只按其表现出来的样子去理解，那就曲解了真实的利益和需求，沟通也很难顺利推进。所以，我们还是要将它还原，使其在平光镜下呈现出最基本的样子来。

我经常跟做跨境并购、跨境争议解决的律师同事讲，我们的工作核心是翻译，但这个翻译并不是简单的语言翻译，而是文化的翻译。我们要把各方之间真正的利益和需求翻译出来，也就是将不同语言、不同文化所包裹的各式各样的表达挖掘出来，非常质朴地将核心点挖掘出来，然后调整利益，满足需求，使双方顺利达成一致。所以，律师的工作就是用全世界法律人（包括律师和法官）都看得懂的合同语言，将合同内容用白纸黑字写下来，用没有文化装扮和装饰的语言将其写下来。当我们把写好的文件或合同拿到任何一个法官面前，他都能准确地看懂、理解，这才是我们的核心工作内容，也是我们在关键性沟通中所要具备的核心本领之一。

陷阱和误区：破解"脏招"，远离雷区

我们的工作和生活时刻离不开沟通，有了沟通，我们才能解决各种各样的难题，跟各种各样的人达成一致或实现交易。但是在沟通中，总有些人会不择手段地采取一些不太光彩的方式，不能光明正大地进行沟通，其中可能有谎言、欺诈，也可能会在背后搞一些小动作。对于这些行为，我们是完全不提倡的，这不仅仅涉及道德问题，还会伤害到我们的利益，尤其是伤害到关系利益。一旦关系利益被损害，实质利益就会不可避免地受到损害，甚至最后什么都得不到。

不过，我们不提倡这些行为，不代表我们不需要了解它们。我们毕竟不是生活在一个完美社会里，即使我们不用，也不代表别人不用。只有学会识破它，才能找到应对方法，从而更好地展现自己的能力，维护自己的利益。

接下来，我们就一起来识别一下沟通中的那些"脏招"、

坏招，以及常见的设置陷阱的方式，同时也看看如何有效地应对它们。

谎言

在沟通中，对方提到的情况与真实情况不一致的时候还是很常见的。从界限分明的角度来说，我们可以将其称为谎言，但有时谎言也无伤大雅。比如，我去逛古玩市场时看到一只青花瓷笔筒，卖家给我的报价是 500 元，并且跟我说，这只笔筒进价是 450 元，他卖 500 元就只赚了我 50 元。这种话一般都是不可信的，我们听听即可。但我们不能因此就说这个人不诚实、不可靠，必要时我们还是会跟他继续交易的。这就是地摊文化，也是讨价还价文化的一部分，在大多数情况下我们都不会觉得这种谎言很冒犯人。

可是，如果把这种沟通搬到一个非常严肃的企业并购的谈判桌上，并开出一个"诚心诚意"的报价，但在后面的谈判中又不断变换价格，我们就会觉得对方没有诚意。对方开高价、还低价，这不算是谎言，但如果开了一个高价，还口口声声说这是"最低价"，这就属于谎言了。这样说的坏处，就是让"最高""最低"这类形容词在沟通对象眼里失去了力量。在沟通其他问题时，如果再用"最高""最低"来表示，就无法再对对方起到作用，它会严重伤害到出价者的权威和诚信。

所以，谈判中有讨价还价很正常，我们可以说这个价格太高或太低了，我没法接受，我们再继续谈谈。除非我们出的最低价、最高价是事实，否则就不要提"最低""最高"这样的词。

在一些重要的沟通中，不诚信的陈述和谎言还是很多的。比如在找工作时，公司给我们的职位描述，与我们最终进入这个公司参加工作后，看到和体会到的往往会有很多不同。在买东西时，买方经常说，我去问了别人的价格，人家比你卖得便宜，这也可能不是真实情况。那么，我们到底该怎样应对沟通中的谎言，或者如何拒绝谎言呢？

首先，我们能做的就是让别人尽量不对我们撒谎。要做到这一点，我们就要提前做好充分准备，将各种信息收集全面、完整，这样在沟通时，我们才能表现出对沟通内容的充分了解，对方也就不敢直接对我们撒谎了。

其次，如果一时无法分辨对方陈述的内容是真是假，我们也可以通过问问题的方式来判断一下对方说的是不是真实情况。要知道，当对方拥有一个立场时，其背后也一定会有对某种利益的诉求，这时我们就"拆开立场的包裹"，找到对方具体的利益诉求。

谈判有一个"更高权威"策略，它指的是在谈判过程中，如果双方已经敲定了一个条件，但对方忽然说，我们之前敲定的条件被领导否定了。这时，我们就要问对方："您说的是哪一位领导？"对方可能回答的是"我们领导"，我们可以继续问："你们领导我也认识几个，是你们的部门经理，还是副总？请问他的原话是怎么说的呢？"

在类似的询问中，我们用探讨的、想要解决问题的态度去询问细节。如果真的是被对方领导否定的，对方也一定会如实回答，甚至会跟我们一起想办法，比如回复我们说："那天我跟李总汇报了我们的沟通结果，李总认为不行，我也很为难，咱们还得想想其他办法。"但如果对方在说谎，可能一上来就直接拿出一个推翻之前谈好内容的立场，比如对我们说："领导不同意，我也没办法。"而最终问题怎么解决，他并不关心，也没有要继续与我们合作的态度。这时背后可能就另有隐情，我们也不得不想其他办法来进行进一步的沟通。

常见的"脏招"

所谓"脏招"，指的是沟通中一些不地道的、见不得人的把戏。这类情况在沟通谈判中十分常见，我们对此一定要保持警觉，不要掉入对方为我们设置的陷阱。

一般来说，沟通中常见的"脏招"包括以下几种。

1. 在不通知一方的情况下私自修改文本

这种情况分为两种，一种是对方十分不专业，不知道应该把修改部分都在合同里标记出来；另一种情况就是对方很专业，却故意含糊其词地跟我们说："也没什么修改，跟上一稿的意思一样，我们可以直接签。"如果仔细看一下，我们会发现对方有修改。但当我们提出来后，对方可能又会说："确实改了一点，但不影响合同的基本原则。"

实际上，对方的第二种做法就是不对的，或者是严重不专业的。因为需要双方签订的合同，每一条都需要双方确认，不能单方面修改。这就提醒我们，在合同交到我们手里后，我们一定要再确认一下文本，确保对方没有修改，或者把修改部分都标记出来了。

2. 一方内部用对方听不懂的语言交谈

这种情况是说，对方团队里有会讲方言的人，他们就会在我们听不懂的情况下，用自己的方言互相交流。这其实是一种不太礼貌的行为。沟通中说方言并不是不行，如果一定要用方言沟通，或者认为这样更有效率，也应该事先跟自己的沟通对象打个招呼。

我们在跟外国人沟通时，偶尔我也会说，我想跟客户用中文讨论一个事情，这样效率更高。这样是没问题的，因为我们用自己的母语交流确实能表达得更清楚、更顺畅。但是，我们不能正跟外国人用外语交谈，忽然说着说着，就改用中文跟自己的同伴说话了。这就会给对方造成一种印象：我们在谈论一件不想让他们知道的事情，由此一来，就会影响双方关系的建立和沟通的气氛。

与此同时，如果与我们沟通的一方用另外一种我们听不懂的语言交谈时，等他们说完了，我们可以问问对方："请问你们能不能帮我总结一下，你们刚才谈了什么内容？"这既是一种比较有节制的抗议，也是一种对他们交谈内容的探询。如果我们这样询问，对方有些尴尬，或者表现出不一致的态度，如一方欲言又止，一方则说"我来说吧"，这恰恰说明他们说了一些不太想让我们知道的事情。

3. 作为客场，被安排在不利位置

作为客场，我们需要到别人的地盘上去谈判，有时我们发现，自己或者被安排在了一个很晒的位置上，或者是在植物、柱子的边上，视线很不好，或者到了用餐时间，对方给自己人安排了餐饮，却没有为我们安排。这些都会让我们处于一种不利的谈判地位。

出现这类情况，一种原因是对方考虑不周，另一种原因就是故意的，想通过这种方式"逼迫"我们迅速结束谈判。

想防止以上情况出现，我们就要提前做好后勤准备工作。尤其是在应对一场重要的沟通谈判时，自己要准备一些食物、水、药物等必备物资，不要被对方拿捏住，影响了谈判效果。

4. 现场情况出人意料

这种情况是说，对方邀请我们见面商量一件事，只说是随便聊聊，然而等我们到达现场时，却发现对方把律师也带来了。我们没有律师在身边，沟通起来就会非常被动。这时，我们最好马上从这场谈话中退出，并告知对方："等我们下次也

带上律师后再沟通吧！"

还有类似的情况，比如会场布置得与我们想象的大相径庭。

我曾经历过一次谈判，是陪同一家国外投资公司一起前往西部某个城市洽谈一个项目，对方是当地一个半官方机构，这也是双方的第一次接触。然而等我们到达会场后发现，该机构在会场中间拉了一个横幅，上面写的内容是该机构与我的客户公司的签约仪式。我马上找到会场负责人，告诉他不能这样写，因为这只是双方初次见面，还不到签约仪式的阶段，我们不会在一个高悬着签约仪式的横幅下面去洽谈这件事。

虽然这可能不是对方故意的，但这种行为很不得体，甚至有些鲁莽。后来对方将横幅摘下来后，我们才进行沟通，最终也确实谈得还算愉快，简单地签订了一个意向书。在签意向书时，我们也配合对方，让对方挂上了横幅。由于我们签的是没有约束力的意向书，所以也可以称为"签约仪式"。当双方关系融洽，沟通也比较顺畅时，这些是可以互相配合的。

5. 故意迟到或中途退场，耗费沟通对象的精力和耐心

有些时候，双方约定好沟通时间，但一方按时到场后，另一方却迟迟不到；还有些时候，在沟通进行过程中，对方说要

跟自己人出去商量一下，结果一去不复返，好几个小时不回来。这些行为都是非常不礼貌的。

一般来说，要进行一次沟通或参加一次会议，最好能提前10分钟左右到场。迟到肯定是不好的，但如果到达时间太早，会显得我们有些紧张。

这里也存在一个文化差异问题。我一位巴西的律师朋友跟我说，在他们的时间观念里，开会谈判迟到三四十分钟都是正常的。比如约好10点开会，那么大家都会心照不宣地认为，这个会应该在10：30～10：40才能开始。这样的情况，就不算是什么"脏招"了。

不忘初心的提醒

虽然沟通中的陷阱和误区很多，我们也要尽量避免和远离，但沟通最终还是要回到利益调整和需求满足这个核心理念上来。我们要始终记得，沟通的最终目的不是论输赢。真正能够完全说服别人，把别人变成与我们的想法一致的情况是非常少的。所以，我们不要把关键性沟通理解为一场说服，也不要将其理解为一场你输我赢的斗争。只要我们的利益实现了、需求满足了，那就是成功的沟通；只要双方的利益和需求都满足了，那就是创造价值的沟通。我们要针对和解决的永远都是如何把蛋糕做大，如何创造更多的价值来推进沟通，而不是求胜占上风，或者占对方的便宜。

总而言之，面对任何沟通，我们都要做到不忘初心。即使我们学习了很多沟通知识，进行了各种各样的沟通能力练习，但本质上我们仍然要做个真诚的人，能够清楚明确地表达自己的需求；我们也要做个具有同理心的人，愿意去满足别人合理的需求，以换来别人可以满足我们的需求。这样的人，才是真正的沟通高手。如果一个人总是被各种话术和技巧裹挟，甚至在沟通对话中大玩各种"脏招"，那么他所制造的话术最终也只会将自己吞噬，即使满足了一时的需求，也很难获取长久的利益。

参考文献

[1] 罗伯特·西奥迪尼.影响力 [M].闫佳，译.珍藏版.杭州：浙江人民出版社，2015.

[2] 西蒙·霍尔顿.如何成为谈判专家：快速掌握谈判心理学和谈判软技能 [M].魏颖，译.北京：人民邮电出版社，2021.

[3] 亨利·基辛格.大外交 [M].顾淑馨，林添贵，译.海口：海南出版社，2022.

[4] 钱其琛.外交十记 [M].北京：世界知识出版社，2003.

[5] 布棉，崔晓玲.做课 [M].北京：中信出版社，2022.

[6] 马歇尔·卢森堡.非暴力沟通 [M].李轶，译.李迪，娅锦，审校.北京：华夏出版社，2021.

[7] 唐家璇.劲雨煦风：官方的外交阐述 [M].北京：世界知识出版社，2009.

[8] 高杉尚孝.麦肯锡教我的谈判武器 [M].程竟，译.郑州：大象出版社，2020.

[9] 迪帕克·马尔霍特拉, 马克斯·巴泽曼. 哈佛经典谈判术 [M]. 王崇巍, 译. 成都: 四川人民出版公司, 2020.

[10] 罗杰·费希尔, 布鲁斯·巴顿, 威廉·尤里. 谈判力 [M]. 王燕, 罗昕, 译. 北京: 中信出版社, 2012.

[11] 弗洛里安·韦. 谈判的逻辑 [M]. 全栎, 译. 成都: 四川人民出版社, 2022.

[12] 马蒂亚斯·施汉纳. 绝地谈判: 掌控谈判的七大原则 [M]. 黄静, 译. 杭州: 浙江人民出版社, 2019.

[13] 马蒂亚斯·施汉纳. 绝地谈判2: 代价高昂的 7 个谈判错误 [M]. 黄静, 译. 杭州: 浙江教育出版社, 2020.

[14] 盖温·肯尼迪. 谈判: 如何在博弈中获益更多 [M]. 陈蓉, 译. 北京: 中信出版社, 2022.

[15] 罗杰·道森. 优势谈判: 适用于任何场景的经典谈判 [M]. 迩东晨, 译. 北京: 北京联合出版公司, 2022.

[16] 詹姆斯·K.塞贝纽斯, R.尼古拉斯·伯恩斯, 罗伯特·H.姆努金. 基辛格谈判法则 [M]. 龚昊, 译. 长沙: 湖南文艺出版社, 2020.

[17] 斯图尔特·戴蒙德. 沃顿商学院最受欢迎的谈判课 [M]. 杨晓红, 译. 北京: 中信出版社, 2012.

[18] 丹尼尔·夏皮罗. 不妥协的谈判: 哈佛大学经典谈判心理课 [M]. 赵磊, 译. 北京: 中信出版社, 2019.

[19] 亨利·基辛格. 白宫岁月: 基辛格回忆录 [M]. 方辉盛, 赵仲强, 吴继淦, 译. 上海: 上海译文出版社, 2016.

[20] 刘润 .5 分钟商学院 [M]. 北京：中信出版社，2018.

[21] 古典 . 跃迁：成为高手的技术 [M]. 北京：中信出版社，2017.

[22] 乔希·维茨金 . 学习之道 [M]. 苏鸿雁，谢京秀，译 . 北京：中国
青年出版社，2017.

[23] 毛泽东 . 毛泽东选集 [M]. 北京：人民出版社，1991.

[24] 司马迁 . 史记 [M]. 北京：中华书局，2014.

[25] 刘向 . 战国策 [M]. 北京：中华书局，2022.

[26] 庄子 . 庄子 [M]. 北京：中华书局，2022.

[27] 李零 . 丧家狗 [M]. 北京：中华书局，2022.

[28] 陈波 . 逻辑学是什么 [M]. 北京：北京大学出版社，2015.

[29] 彼得·德鲁克 . 管理的实践 [M]. 齐若兰，译 . 北京：机械工业出
版社，2009.

[30] 彼得·德鲁克 . 卓有成效的管理者 [M]. 许是祥，译 . 北京：机械
工业出版社，2005.

[31] 陈海贤 . 了不起的我 [M]. 北京：台海出版社，2019.

[32] 李松蔚 .5% 的改变 [M]. 成都：四川文艺出版社，2022.

[33] 西尔维娅·娜萨 . 美丽心灵：纳什传 [M]. 王尔山，译 . 上海：上
海科技教育出版社，2018.

[34] 唐纳德·特朗普 . 做生意的艺术：特朗普传 [M]. 张晓炎，温琪，
译 . 北京：企业管理出版社，1991.

[35] 芭芭拉·明托 . 金字塔原理：思考、表达和解决问题的逻辑 [M].
海口：南海出版公司，2019.

[36] 艾森·拉塞尔 . 麦肯锡方法：用简单的方法做复杂的事 [M]. 张薇

薇，译.北京：机械工业出版社，2020.

[37] 释普济.五灯会元 [M].北京：中华书局，2022.

[38] 劳伦斯·莱特.九月的十三天：卡特、贝京与萨达特在戴维营 [M].邓海平，译.北京：社会科学文献出版社，2017.

[39] 道格拉斯·斯通，布鲁斯·佩顿，希拉·汉.高难度谈话 [M].王甜甜，译.北京：中国城市出版社，2011.

[40] 沃尔特·艾萨克森.史蒂夫·乔布斯传 [M].管延圻，魏群，余倩，等，译.北京：中信出版社，2014.

[41] 彼得·考夫曼.穷查理宝典：查理·芒格智慧箴言录 [M] 李继宏，等，译.全新增订版.北京：中信出版社，2021.

[42] 戴尔·卡耐基.人性的弱点 [M].朱凡希，王林，译.南京：译林出版社，2016.

[43] 亚伯拉罕·马斯洛.动机与人格 [M].杨佳慧，译.杭州：浙江人民出版社，2022.

[44] 岸见一郎，古贺史健.被讨厌的勇气 [M].渠海霞，译.北京：机械工业出版社，2021.

[45] 艾·里斯，杰克·特劳特.定位：争夺用户心智的战争 [M].邓德隆，火华强，译.经典重译版.北京：机械工业出版社，2017.

[46] 老舍.茶馆 [M].海口：南海出版公司，2010.

[47] 张月姣.我的人生路：张月姣大法官自传 [M].南京：江苏人民出版社，2020.

系统性成长，发展出个人的沟通风格

　　整本书看到这里，相信你已经成长为一个关键性沟通的高阶练习者了。还记得在开始阶段介绍关键性沟通的系统和核心理念时，我们不断强调两句话：一是沟通能力是一种复合能力，不是会说话、口齿伶俐就是会沟通；二是关键性沟通的核心理念在于利益的实现和需求的满足，只有围绕沟通双方的利益展开工作，为了满足需求而寻找解决方案，才能完成一场关键性沟通。在开始阶段，你只需要记住一句话：剥开立场看利益。

　　在第二个阶段，我们从六角沟通法出发，逐一讲解了构成关键性沟通能力的各项本领。其中，表达能力和思维能力构成了六大能力模块的前两种能力，它们代表的是我们自身的能力；对人的认知能力、交换和创造价值能力以及策略和博弈能力是另外三种能力，它们代表的是我们与对方互动的能力；最后的外交能力，是与他人有关的能力。这六种能力是一个人沟通能力的核心基本功，在学习这些基本功的过程中，我们还向大家提供了多项工具、模型、思维方式等，以便大家可以在沟通过程中更好地运用这六种能力。

在最后阶段，我们重点讲解了关键性沟通的核心理念和六大能力在不同场景、不同挑战环境下的综合应用。任何一场沟通都会有前期准备和过程控制，在此过程中，我们一起拆解了马拉松式对话、僵局对话、压力对话等各种难题及应对方法。与此同时，我们还要学会识别和把握不同文化差异和情绪中的沟通问题，避免陷入沟通中的陷阱和误区，破解沟通中的那些"脏招"和无良对话。

学习并掌握了以上沟通知识后，我们便称得上是一个已经入门的高阶沟通者了，但是未来，我们还要继续努力，争取在以下这些方向上不断延展、不断提升自己。

第一，始终记得关键性沟通能力是复合能力，要从各种学科和知识中丰富自己的头脑储备。对于我们在书中讲过的，如表达能力、逻辑能力、心理学、博弈论、外交学等，不论我们对哪一门学科感兴趣，都要尽可能地去寻找相关资料阅读，不断地深入学习。

第二，要掌握我们在不同能力下介绍的各种工具、模型、清单、思维方式等，但也不要拘泥于这些工具，因为这些只是我们提升沟通能力最基础的工具。在运用过程中，我们可以不断加以变化、改造、提升，加深对这些工具的理解，并更好地将它们运用到切合自己工作和生活的场景之中。

第三，要从自己的工作和生活中不断发现新的案例、新的榜样。掌握了关键性沟通的多种能力，以及在不同场景下如何运用各种能力推动沟通，表明我们已经是沟通的专业人士了。为此，我们更应该运用沟通的专业视角去观察和记录工作、生活中所发生的对话，知道什么样的话说得到位，因为正中对方需求；知道什么样的会开得好，因为准备足够充分；知道哪个僵局解得巧妙，因为改变了重要的沟通参数设定。这些对话，别人可能看得懵懵懂懂，而我们却要看得明明白白，并且在遇到好的案例时及时记录下来，提炼出其中的精彩部分，必要时为己所用。

第四，我们津津乐道的那些关键性沟通之所以丰富又精彩，是因为它们充分体现了沟通者的个人风采。无论是基辛格还是乔布斯，他们的个人魅力和沟通风采都是紧密结合在一起的。为此，我们也要努力发展出凸显个人特色的沟通风格，尤其是要发现自己的优点，比如我们有很强的逻辑能力，或者特别有同理心，或者对他人需求非常敏感，等等。无论优点是什么，我们都可以将其结合到自己的表达风格当中，让别人一听到这些话，就知道只有我们才说得出来。

第五，从提高个人工作能力的角度出发，发展个人的沟通风格，还要把自己放到团队中去发展。在工作中，我们大部分的沟通面对的都是队友，我们在这个团队中哪项能力突出，就可以从这个角度去提升自己，补强团队。比如，在一个温和迅捷的团队中，我们既可以是最快发现问题的迅捷队员，也可以是总能体察对方以情动人、以需求劝导人的队员，还可以是坚持原则、敢于硬碰硬的队员。总之，无论我们的个人风格是什么，都可以找到适当的角度和切口，将自己融入团队，在团队中更好地发扬自己的风格和特长，在各种复杂和充满挑战的场景中都能够从容不迫、乐观耐心，有自信、有办法，最终实现个人的快速成长。

第六，我希望我们还能跳出关键性沟通，反观一下语言的局限性。维特根斯坦曾说："我的语言的界限意味着我的世界的界限。"[①] 语言是一种工具，它让人类从众多地球动物中脱颖而出，成为主宰生物，但是，语言也给人类带来了许多局限和偏见，人类因为语言变得深刻，也因为语言变得肤浅。我们都有语言无法表达的情感，世界也有语言无法形容的宏大和细腻。所以，在学习沟通对话的过程中，我们始终不要忘记语言的局限性。有时，话说得再好，也不能解决所有问题，更不能解决生命最根本的问题。

老子说："大音希声。"意思是说，最宏大的声音往往是无声之音。庄子则说："天地有大美而不言，四时有明法而不议，万物有成理而不说。"在整部《庄子》里，真正的至圣是一个

---

① 路德维希·维特根斯坦. 逻辑哲学论 [M]. 贺绍甲，译. 北京：商务印书馆，1996：85.

字都不说的，比如一开篇《逍遥游》里的鲲鹏。

《五灯会元·七佛·释迦牟尼佛》上记载，佛祖世尊在灵山法会上，拈起一朵花给大家看，所有人都默然无语，没明白这是什么意思，只有迦叶尊者破颜微笑。佛祖说：我有正法眼藏，涅槃妙心，实相无相，微妙法门，不立文字，教外别传，付嘱摩诃迦叶。可见，有时一个笑容，就胜过千言万语。

我们都是普通人，做不到不说，但我们说什么都要尽可能地带着真和诚。孔子说："巧言令色，鲜矣仁。"所以，他鼓励君子要"讷于言而敏于行"。这些先哲的教诲，都是我们在学习关键性沟通过程中，以及在日常的工作和生活交流的时候，始终不能忽略的底色。

致 谢

感谢中信出版集团，尤其是赵辉、李怡霏两位老师的支持，把充满了口语表达的一门视频课，变成符合文字阅读习惯的一本书。

感谢哔哩哔哩的小伙伴——草草、骏立、珊珊，在他们的启发和安排下，才有了这门关于沟通的课程。

感谢君合，让我有机会参与并见识了许许多多场关键性沟通，领略了无数令人称道的沟通智慧。

感谢 Multilaw Academy，使我在更广阔的世界里，观察、思考并实践着在不同文化和背景下的交流和沟通，让我更加深刻地理解沟通的纷繁表象与人的需求——这一底层实质——之间的关系。

感谢家人和亲友，在恒河沙数的日常对话中，我们一同参悟着沟通的禅机。特别感谢我的女儿，让我在陪伴她成长的过程中，把如何说话重新学习了一遍。